JN116741

日商簿記テキスト【基礎編】

井上行忠
飯野幸江 ◎──著
酒井翔子

創 成 社

はしがき

　本書は，日商簿記検定試験 3 級，全経簿記検定試験 2，3 級の「商業簿記」に関する全般的な領域を習得できるように編纂されている。具体的には，日商簿記検定試験 3 級については，出題範囲のほぼすべてを網羅し，試験問題の傾向と対策が行えるように内容を構成しており，詳細な解答解説をしている。

　本書は，商業簿記をはじめて学ぶ初学者を対象として，問題の解答解説を中心に，当該理解のために問題演習をこなすことによってマスターできるように構成した。

　資格取得にとって重要なことは，反復練習により，取引を読み取り，計算し，整理し，集計するためのトレーニングを積み重ねることである。数多くの練習問題を解き，慣れることが合格への近道となる。第 2 部の問題集は，日商簿記検定試験 3 級の総合問題 5 題となっており，検定試験対策を行うことができる内容である。初学者にとって，本書が有効に活用され，資格試験合格へのパスポートを手に入れることを心よりお祈り申し上げる。

　本書の上梓に際しては，（株）創成社社長の塚田尚寛氏のご厚情，編集・校正でお世話になった出版部の方々のご厚意に対して謝意を表したい。

　2023 年 4 月

井上行忠

目　次

はしがき

第1部　テキスト

第2部　問題集（3級）

第1部

テキスト

第1編　3級範囲

第1章

簿記の基礎

1．簿記の意義と簿記の歴史

　企業では，金銭の収入や支出・物品の購入・商品の仕入れ・売り上げなど，いろいろな経営活動を営んでいる。簿記は，このような取引を貨幣額で計算し，測定し，帳簿に記録し，その結果を一定期日に利害関係者（株主，債権者，税務署等）に報告するための技術であり，一定期間における経営活動の結果を財務諸表（損益計算書，貸借対照表等）にまとめる仕組みをいう。

　簿記という言葉の語源については，「帳簿記入」という言葉から生まれたと考えられている。これは，英語「bookkeeping」の「book」が「帳簿」を，「keeping」が「記入」を意味し，「帳簿記入」の略称が「簿記」になったといわれている。

　簿記の起源は，13世紀頃にイタリアの商人たち（金銭の貸付を職業とする商人）が考えた帳簿記録にはじまる。1494年に，数学者フラ・ルカ・パチョリによる「算術・幾何・比および比例総覧：ズンマ」が世界で最初に著された簿記の書物であり，以後ヨーロッパ各地に広がっていった。わが国では，江戸時代から大正まで「大福帳」というものに記録がされたいたが，明治6年（1873年）に福沢諭吉がアメリカの簿記教科書を翻訳し「帳合之法」が出版された。またアラン・シャンドによる原著の翻訳で「銀行簿記精法」が出版され，このことによりわが国における簿記発展の基盤が確立したのである。

2．簿記の目的

　簿記の目的は，企業が合理的に経営活動を行えるように，日常の営業活動を伴う財産の変動を組織的に記録し，①一定時点における財政状態（貸借対照表）を明らかにし，②一定期間における経営成績（損益計算書）を明らかにすることにある。ここに，①財政状態とは，一定時点における企業の財産状況であり，また，②経営成績とは，一定期間における企業の損益の状況である。

3．簿記の種類

簿記は，記帳技術の上から単式簿記と複式簿記に分けられる。

単式簿記は，金銭の収入・支出や債権・債務など一部の項目についてだけ記録・計算・整理する簿記である。複式簿記とは，企業のすべての経営活動を，一定の原則により，金銭だけでなく，あらゆる財産の増加・減少を記録・計算・整理する簿記である。

簿記は，損益計算の有無により，営利簿記と非営利簿記に分けられる。

① 営 利 簿 記：商業簿記（サービス業・小売・卸売業）

工業簿記（製造業）

銀行簿記（金融業）

農業簿記（農業）

② 非営利簿記：官庁簿記（国・地方公共団体）

家庭簿記（一般家庭）

4．会計期間

企業では，一定時点における財政状態を明らかにし，一定期間における経営成績を明らかにする。ここに一定期間とは，簿記では会計期間・会計年度または，事業年度という。会計期間の初めを期首，会計期間の終わりを期末といい，通常，1会計期間は1年間とする。

1：個人企業の会計期間（1月1日から12月31日までの1年間）

2：法人企業の会計期間（企業が任意に定めることができ，一般的に4月1日から3月31日までの1年間の企業が多い）

5．資産の概念

資産とは，企業が一定の経営活動を行うために所有する現金・商品・建物・土地などの「物品」や，貸付金などの「債権」の総称である。

＜資産の例＞

（1）現　金：硬貨，紙幣

（2）預　金：普通預金，定期預金

（3）建　物：店舗，事務所

（4）備　品：机，椅子，パソコン，コピー機

（5）土　地：店舗の敷地

（6）貸付金：現金を貸し付けた場合の債権

（7）売掛金：商品の代金を後日受け取る約束で販売した場合の債権

（8）未収金：商品以外の物品を，代金を後日受け取る約束で販売した場合の債権

6．負債の概念

　負債とは，企業が取引先や金融機関などに，一定期間後に返済しなければならない「債務」をいう。

　＜負債の例＞

（1）借入金：他人から金銭を借り入れた場合の債務

（2）買掛金：商品の代金を後日支払う約束で購入した場合の債務

（3）未払金：商品以外の物品を，代金を後日支払う約束で購入した場合の債務

7．純資産（資本）

　純資産とは，資産から負債を差し引いた正味の財産であり，個人企業の場合は，開業時の元入金（資本金）に相当する。

　　資本等式 [資産 − 負債 ＝ 純資産]

8．貸借対照表の作成

　貸借対照表（Balance Sheet：B/S）は，左側に「資産」を書き，右側に「負債と純資産」を書き，企業の財政状態を明らかにするために作成する報告書である。

　　貸借対照表等式 [資産 ＝ 負債 ＋ 純資産]

貸 借 対 照 表

○○商店		×1年×月×日		（単位：円）
資　　産	金　額	負債・純資産	金　額
現　　　　金	×××	借　入　金	×××
普　通　預　金	×××	資　本　金	×××
建　　　物	×××		
備　　　品	×××		
貸　付　金	×××		
	×××		×××

9．収益の概念

　収益とは，商品の販売やサービスの提供による手数料を受け取ることによる事業活動で得た収入をいう。

＜収益の例＞
（1）売　　　　上：商品を販売した時の受け取り額
（2）受取手数料：サービスを提供して受け取る額
（3）受 取 利 息：他人に金銭を貸した場合の利息の受け取り額

10. 費用の概念

費用とは，収益を獲得するために犠牲になった支出額である。
＜費用の例＞
（1）仕　　　　入：商品を仕入れた時の支払い額
（2）給　　　　料：従業員に支払う給料
（3）広　告　費：広告などの支出額
（4）水道光熱費：水道代，電気代，ガス代
（5）交　通　費：電車代，バス代，タクシー代
（6）通　信　費：郵便切手代，電話代
（7）支 払 利 息：他人から金銭を借りた場合に支払う利息
（8）消 耗 品 費：事務用品などの代金

11. 損益計算書の作成

損益計算書（Profit and Loss Statement：P/L）は，右側に「収益」を書き，左側に「費用」を書き，一会計期間の収益から費用を差し引き，その差額の純損益を算出し，企業の経営成績を明らかにするために作成する報告書である。

損益計算書等式［収益 − 費用 ＝ 純損益］

損 益 計 算 書

○○商店　　　　　自×1年×月×日　至×1年×月×日　　　（単位：円）

費　　用	金　額	収　　益	金　額
仕　　　　入	×××	売　　　　上	×××
給　　　　料	×××	受 取 利 息	×××
広　告　費	×××		
通　信　費	×××		
当 期 純 利 益	×××		
	×××		×××

12. 貸借対照表（財産法）と損益計算書（損益法）

財産法とは，期末純資産から期首純資産を差し引いて当期純損益を算出する方法である。損益法とは，収益から費用を差し引いて当期純損益を算出する方法である。

財産法［期末純資産 − 期首純資産 ＝ 当期純損益］
損益法［収　　　益 − 費　　　用 ＝ 当期純損益］

【例題1】

　下記の資料に基づいて，損益計算書と期末貸借対照を作成しなさい。

（1）期首の資産¥1,000，負債¥800，純資産¥200

（2）期中の収益¥3,000（現金回収），費用¥1,600（現金支払）

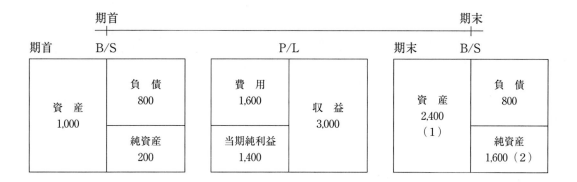

　財産法［¥1,600 − ¥200 ＝ ¥1,400］

　損益法［¥3,000 − ¥1,600 ＝ ¥1,400］

ポイント

（1）1,000 ＋ 3,000 − 1,600 ＝ 2,400

（2）200 ＋ 1,400 ＝ 1,600

問題1

　次の資料によって，期首純資産（期首資本）・当期純利益・期末純資産（期末資本）・期末負債の各金額を求めなさい。なお，当期中に損益取引以外の取引により生じた純資産の変動はなかった。

期首貸借対照表

資　　　産	2,517,500	負　　　債	1,389,375
		純資産(資本)	（　ア　）
	2,517,500		2,517,500

損益計算書

費　　　用	2,162,500		2,231,875
当 期 純 利 益	（　イ　）		
	2,231,875		2,231,875

期末貸借対照表

資　　産	2,676,250	負　　債	（　エ　）
		純資産（資本）	（　ウ　）
	2,676,250		2,676,250

ア ¥	イ ¥	ウ ¥	エ ¥

期首 ——————————————— 期末

期首 B/S

資　産 2,517,500	負　債 1,389,375
	純資産 （ア）1,128,125

P/L

費　用 2,162,500	収　益 2,231,875
当期純利益 （イ）69,375	

期末 B/S

資　産 2,676,250	負　債 （エ）1,478,750
	純資産 （ウ）1,197,500

（ウ）：1,128,125（ア）＋ 69,375（イ）= 1,197,500

（エ）：2,676,250 − 1,197,500（ウ）= 1,478,750

問題2

（ア）〜（ウ）にあてはまる金額を計算しなさい。なお当期中に損益取引以外の取引により生じた資本（純資産）の増減はなかったものとする。

期首資本(純資産)	期末資産	期末負債	期末資本(純資産)	総収益	総費用	当期純利益
（ア）	（イ）	974,400	337,500	223,500	（ウ）	24,000

期首 ——————————————— 期末

期首 B/S

資　産	負　債
	純資産 （ア）313,500

P/L

費　用 （ウ）199,500	収　益 223,500
当期純利益 24,000	

期末 B/S

資　産 （イ）1,311,900	負　債 974,400
	純資産 337,500

（ア）：337,500 − 24,000 = 313,500

（イ）：974,400 + 337,500 = 1,311,900

（ウ）：223,500 − 24,000 = 199,500

問題3

　次の資料により，当期純利益（ア），期末負債（イ），期末純資産（ウ），売上原価（エ），売上総利益（粗利）（オ）を求めなさい。ただし，収益費用以外，増資や減資，金銭配当など純資産に直接変動を与える取引はなかった。また，元帳記入は簡略化している。

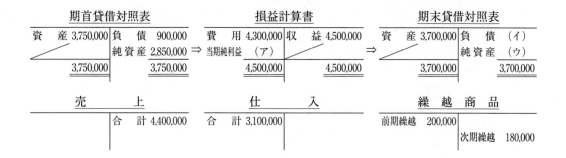

　なお，元帳は締め切っていなし，決算整理仕訳も記入していない。

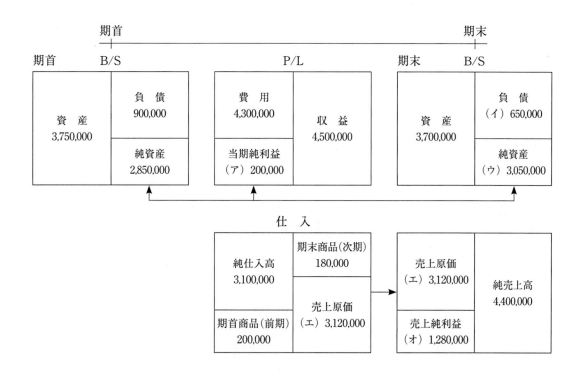

問題4

　　A商事の期首・期末の貸借対照表と元帳の記録により，売上総利益，当期純利益，期末売掛金，資本金（次期繰越）および繰越利益剰余金（次期繰越）の金額を求めなさい。（　）の中に入る語句と金額は各自で考えること。

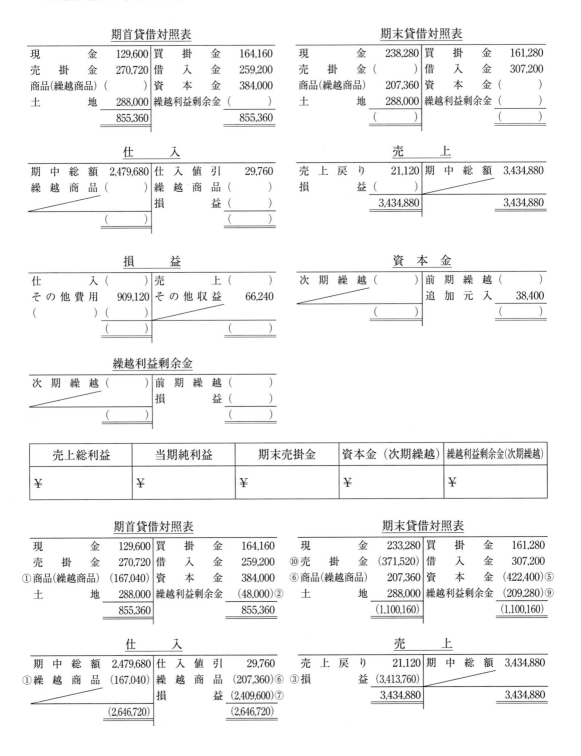

売上総利益	当期純利益	期末売掛金	資本金（次期繰越）	繰越利益剰余金(次期繰越)
¥	¥	¥	¥	¥

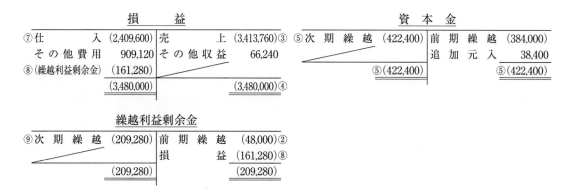

ポイント

① $855,360 - (129,600 + 270,720 + 288,000) = 167,040$

② $855,360 - (164,160 + 259,200 + 384,000) = 48,000$

③ $3,434,880 - 21,120 = 3,413,760$

④ $3,413,760 + 66,240 = 3,480,000$

⑤ $384,000 + 38,400 = 422,400$（資本金（次期繰越））

⑥ $207,360$　期末商品

⑦ $2,646,720 - (29,760 + 207,360) = 2,409,600$

⑧ $3,480,000 - (2,409,600 + 909,120) = 161,280$（当期純利益）

⑨ $48,000 + 161,280 = 209,280$（繰越利益剰余金（次期繰越））

⑩ $1,100,160 - (233,280 + 207,360 + 288,000) = 371,520$（期末売掛金）

※③－⑦$= 1,004,160$（売上総利益）

問題5

　次の資料によって，期末現金・預金，期末純資産（資本），売上総利益および当期純利益の金額を求めなさい。

1．資産・負債	（期首）	（期末）	2．期間中の商品売買取引
現金・預金	￥904,800	￥ X	(1) 当期総仕入高　￥5,595,600
売　掛　金	1,586,400	1,558,000	(2) 当期仕入返品高　￥ 57,600
商　　　品	2,212,800	2,146,800	(3) 当期総売上高　￥7,010,400
買　掛　金	1,290,000	1,086,000	(4) 当期売上返品高　￥ 37,200

3．純売上高を除く期間中の収益総額　　￥ 462,000

4．売上原価を除く期間中の費用総額　　￥1,269,600

5．期間中の資本引出高　　￥ 510,000

6．期間中の資本追加元入高　　￥ 147,600

期末現金・預金	期末純資産(資本)	売上総利益	当期純利益
￥	￥	￥	￥

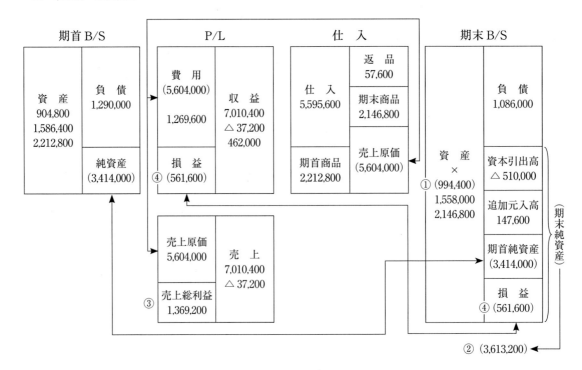

①期末現金・預金	②期末純資産(資本)	③売上総利益	④当期純利益
￥994,400	￥3,613,200	￥1,369,200	￥561,600

第2章

取引と帳簿組織

1．取引と仕訳と勘定科目

　簿記上の取引とは，企業の資産・負債・純資産（資本）に増減をもたらす取引である。一般的には建物の賃貸契約の締結や商品を電話などで注文しただけでは，財産に増減が生じていないため，簿記上の取引には該当しない。また，取引について簿記では仕訳を行う。仕訳とは，取引を記録する方法であり，取引を２つの側面で捉え，勘定科目を用いて記録を行う。勘定科目とは，簿記を行うときの，金額の動きを把握する単位である。

B/S		P/L	
資産の勘定科目 　現　　　　金 　普 通 預 金 　建　　　　物 　備　　　品 　繰 越 商 品 　貸 付 金 　売 掛 金 　未 収 金	負債の勘定科目 　借 入 金 　買 掛 金 　未 払 金 純資産(資本)の勘定科目 　資 本 金	費用の勘定科目 　仕　　　　入 　給　　　料 　広 告 費 　交 通 費 　通 信 費 　支 払 利 息	収益の勘定科目 　売　　　上 　受取手数料 　受 取 利 息

2．取引の8要素

　取引は，下記の表に示す８つの要素のうちから，必ず借方の要素と貸方の要素とが組み合わさり構成される。簿記では，左側を借方，右側を貸方という。

借方の要素	貸方の要素
① 資 産 の 増 加	資 産 の 減 少 ⑤
② 負 債 の 減 少	負 債 の 増 加 ⑥
③ 純資産の減少	純資産の増加 ⑦
④ 費 用 の 発 生	収 益 の 発 生 ⑧

【例題1】

　次の取引を仕訳しなさい。

（1）資本金￥10,000を現金で元入れして開業した。

（2）現金￥8,000を借り入れた。

（3）商品￥30,000を販売し，代金は現金で受け取った。

（4）手数料￥5,000を現金で受け取った。

（5）商品￥9,000を現金で仕入れた。

（6）通信費￥3,000を現金で支払った。

（1）（借）現　　　　　金　10,000 ①※　　（貸）資　本　金　10,000 ⑦
（2）（借）現　　　　　金　8,000 ①　　　（貸）借　入　金　8,000 ⑥
（3）（借）現　　　　　金　30,000 ①　　　（貸）売　　上　30,000 ⑧
（4）（借）現　　　　　金　5,000 ①　　　（貸）受取手数料　5,000 ⑧
（5）（借）仕　　　　　入　9,000 ④　　　（貸）現　　金　9,000 ⑤
（6）（借）通　信　費　3,000 ④　　　（貸）現　　金　3,000 ⑤

※①〜⑧は，取引の8要素（p.13）

【例題2】

　次の取引を仕訳しなさい。

（1）備品￥7,000を購入し，代金￥5,000は現金で支払ったが，残金￥2,000については，後払いとした。

（2）借入金￥10,000を利息￥500とともに現金で支払った。

（3）貸付金￥30,000を利息￥1,500とともに現金で回収した。

（1）（借）備　　　　　品　7,000　　　（貸）現　　金　5,000
　　　　　　　　　　　　　　　　　　　　　未　払　金　2,000
（2）（借）借　入　金　10,000　　　（貸）現　　金　10,500
　　　　支　払　利　息　500
（3）（借）現　　　　　金　31,500　　　（貸）貸　付　金　30,000
　　　　　　　　　　　　　　　　　　　　　受　取　利　息　1,500

問題1

　次の取引を仕訳しなさい。

（1）現金￥50,000を元入れして営業を開始した。

（2）建物￥100,000を購入し，代金は翌月末に支払うことにした。

（3）商品￥20,000を仕入れ，代金は後日に支払うことにした。

（4）商品￥60,000を売上げ，代金は掛けとした。

（5）売掛金￥20,000を現金で受け取った。

（6）買掛金￥10,000を現金で支払った。

（7）土地￥100,000を売却し，代金は後日受け取ることにした。

（1）	（借）現	金	50,000	（貸）資	本	金	50,000
（2）	（借）建	物	100,000	（貸）未	払	金	100,000
（3）	（借）仕	入	20,000	（貸）買	掛	金	20,000
（4）	（借）売 掛	金	60,000	（貸）売	上		60,000
（5）	（借）現	金	20,000	（貸）売	掛	金	20,000
（6）	（借）買 掛	金	10,000	（貸）現	金		10,000
（7）	（借）未 収	金	100,000	（貸）土	地		100,000

3．仕訳帳の記帳

　仕訳は，通常は略式（上記例題1，2参照）で行われる。詳細な記帳については，仕訳帳に記入される。仕訳帳は日々の仕訳を発生順に記入した帳簿である。

仕　訳　帳　　　　　　　　　　　1

×1年		摘　　要	元丁	借　方	貸　方
1	1	（現　　　金）		10,000	
		（資　本　金）			10,000
		現金を元入れして開業	省		
	5	（備　品）諸　　口		50,000	
		（現　　　金）	略		40,000
		（未　払　金）			10,000
		備品の購入			
	10	諸　　口（売　　　上）			30,000
		（現　　　金）		10,000	
		（売　掛　金）		20,000	
		A商店へ売上げ			

ポイント
（1）勘定科目には，（　）カッコをつける。
（2）勘定科目が借方または貸方に2つ以上ある場合は，勘定科目の上に「諸口」（しょくち）と記入する。
（3）仕訳の下の行に取引の内容を簡易にして書く。「小書き」という。
（4）前の仕訳を区分するため摘要欄に「仕切線」を引く。

4．総勘定元帳の記帳

　取引を仕訳（仕訳帳）し，その結集を「総勘定元帳」の各勘定口座に転記する。総勘定

元帳（元帳）とは，すべての勘定口座を集めた帳簿である。転記とは，仕訳帳の仕訳に基づき勘定口座に記入することである。総勘定元帳の勘定口座の形式には，（1）標準式，（2）残高式の2つがある。（1）と（2）の略式に，Tフォーム式がある。

（1）標準式

		現　　金						1
×1年	摘　　要	仕丁	借　　方	×1年	摘　　要	仕丁	貸　　方	

（2）残高式

		現　　金				1
×1年	摘　　要	仕丁	借　　方	貸　　方	借／貸	残　　高

（1）と（2）の略式Tフォーム式

【例題1】

次の取引を仕訳し，総勘定元帳（Tフォーム式）へ転記しなさい。
4月1日　備品¥100,000を現金で購入した。
4月5日　商品¥30,000を仕入れ，代金のうち¥10,000は現金で支払い，残額は掛けとした。

4月1日　（借）備　　　　品　100,000　　　（貸）現　　　　　金　100,000

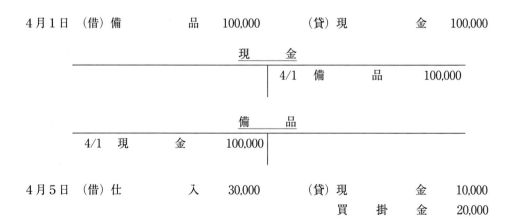

4月5日　（借）仕　　　　入　 30,000　　　（貸）現　　　　　金　 10,000
　　　　　　　　　　　　　　　　　　　　　　　　買　　掛　　金　 20,000

仕　　　入		
4/5　諸　　　口　　30,000		

現　　　金		
	4/5　仕　　　入　　10,000	

買　掛　金		
	4/5　仕　　　入　　20,000	

ポイント

　相手勘定科目が2つ以上あるときは「諸口」と記入する。

5．帳簿組織

（1）帳簿とは

　簿記上，帳簿とは企業の経済活動を継続的に貨幣で記録したものをいう。したがって，形式が1枚の伝票だとか，記録内容が貨幣または数値で記入されていないものは，簿記上の帳簿とはならない。帳簿は企業の財政状態や経営成績に関する情報を提供したり，係争事件が起こった際の法的証拠資料となる。

（2）帳簿の種類

　帳簿は次のように分類できる。

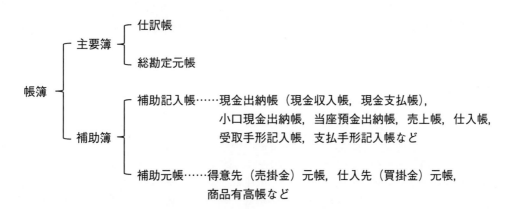

　帳簿は主要簿と補助簿に分類される。主要簿は，複式簿記の構造上，欠くことのできない帳簿をいう。主要簿には仕訳帳と総勘定元帳の2つの帳簿がある。仕訳帳は，取引の仕訳を発生順に記録する帳簿である。総勘定元帳は，仕訳記録を勘定ごとに集計し，整理する帳簿である。

　補助簿は，主要簿の記録・内容をより詳細に記録するための帳簿をいう。補助簿は補助記入帳と補助元帳に分類される。補助記入帳は，特定の種類の取引について，その明細を発生順に記録する帳簿である。補助元帳は，特定勘定についての内訳を口座別に記録する帳簿である。

（3）帳簿組織

　簿記を行う上では，主要簿をはじめとして数々の帳簿が利用される。これらの帳簿は相互に密接に関連し，全体として統一のあるしくみをもっている。このような各帳簿間のしくみを帳簿組織という。

　最も単純な帳簿組織は単一仕訳帳制である。これはすべての取引の仕訳を1冊の仕訳帳に記入し，そこから総勘定元帳に転記する帳簿組織であり，本書で学習してきた帳簿組織である。

【例題1】

　帳簿に関する次の文章の ① ～ ⑥ に当てはまる最も適切な用語を下記の用語群から選び，解答用紙の所定の欄に記入しなさい。また，下記の（a）と（b）の取引が記入される具体的な帳簿を下記の用語群から選び，解答用紙の所定の欄に記入しなさい。同じ用語を2度以上使ってもよい。

　帳簿には，① と ② がある。① には，すべての取引が記入され，複式簿記のしくみの上では欠くことのできない帳簿で，これには，取引を発生順に記録する ③ と勘定口座別に集計する ④ がある。② には，特定の取引や勘定の明細記録が行われ，特定取引の明細を発生順に記録する ⑤ と，特定の勘定の明細を口座別に記入する ⑥ がある。

（a）甲商店から商品A40個×@¥2,000を仕入れ，代金¥80,000のうち¥30,000は小切手を振り出して支払い，残額¥50,000はさきに受け取っていた乙商店振り出しの約束手形#8を裏書譲渡した。なお，引取運賃¥5,000は現金で支払った。
（b）さきにA商店に売り渡した商品Bの一部に色違いのものがあったので，¥9,000値引きをし，この代金は売掛金から差し引くこととした。

＜用語＞

仕　入　帳	売　上　帳	現金出納帳	仕入先元帳
受取手形記入帳	総勘定元帳	仕　訳　帳	主　要　簿
商品有高帳	支払手形記入帳	補　助　元　帳	得意先元帳
補助記入帳	補　助　簿	当座預金出納帳	

【解答】

①　主要簿	②　補助簿	③　仕訳帳
④　総勘定元帳	⑤　補助記入帳	⑥　補助元帳

（a）の取引が記入される帳簿の名称

仕訳帳	総勘定元帳	仕入帳
商品有高帳	当座預金出納帳	受取手形記入帳
現金出納帳		

（b）の取引が記入される帳簿の名称

仕訳帳	総勘定元帳	売上帳
得意先元帳		

問題 1

　　次の取引を仕訳帳に記入し，総勘定元帳へ転記しなさい（一部の勘定口座は省略している）。なお，仕訳帳には小書きを書くこと。

9 月10日　得意先 A 商店から売掛金の回収として¥300,000 を現金で受け取った。

9 月18日　B 商店から商品¥200,000 を仕入れ，¥50,000 を現金で支払い残額を掛けとした。

9 月25日　C 商店に商品¥500,000 を売り上げ，代金は掛けとした。

仕　訳　帳　　　　　　　　　　　3

×1年		摘　　　　要	元丁	借　方	貸　方
		前ページから		300,000	300,000

現　　　金　　　　1

×1年	摘　　要	仕丁	借　　方	×1年	摘　　要	仕丁	貸　　方
	前ページから		420,000		前ページから		280,000

売　掛　金　　　　2

×1年	摘　　要	仕丁	借　　方	×1年	摘　　要	仕丁	貸　　方
	前ページから		450,000		前ページから		210,000

買　掛　金　　　　12

×1年	摘　　要	仕丁	借　　方	×1年	摘　　要	仕丁	貸　　方
	前ページから		170,000		前ページから		380,000

売　　　上　　　　31

×1年	摘　　要	仕丁	借　　方	×1年	摘　　要	仕丁	貸　　方
	前ページから		10,000		前ページから		500,000

仕　　　入　　　　41

×1年	摘　　要	仕丁	借　　方	×1年	摘　　要	仕丁	貸　　方
	前ページから		450,000		前ページから		20,000

仕　訳　帳　　　　3

×1年		摘　　　　要	元丁	借　　方	貸　　方
		前ページから		300,000	300,000
9	10	（現　　　　　金）	1	300,000	
		（売　　掛　　金）	2		300,000
		A商店より回収			
	18	（仕　　　　入）　諸　　口	41	200,000	
		（現　　　　　金）	1		50,000
		（買　　掛　　金）	12		150,000
		B商店から仕入れ			
	25	（売　　掛　　金）	2	500,000	
		（売　　　　　上）	31		500,000
		C商店に売上げ			

現　　金　　　　1

×1年		摘　　要	仕丁	借　　方	×1年		摘　　要	仕丁	貸　　方
		前ページから		420,000			前ページから		280,000
9	10	売　掛　金	3	300,000	9	18	仕　　入	3	50,000

売　掛　金　　　　2

×1年		摘　　要	仕丁	借　　方	×1年		摘　　要	仕丁	貸　　方
		前ページから		450,000			前ページから		210,000
9	25	売　　上	3	500,000	9	10	現　　金	3	300,000

買　掛　金　　　　12

×1年		摘　　要	仕丁	借　　方	×1年		摘　　要	仕丁	貸　　方
		前ページから		170,000			前ページから		380,000
					9	18	仕　　入	3	150,000

売　　上　　　　31

×1年		摘　　要	仕丁	借　　方	×1年		摘　　要	仕丁	貸　　方
		前ページから		10,000			前ページから		500,000
					9	25	売　掛　金	3	500,000

仕　　入　　　　41

×1年		摘　　要	仕丁	借　　方	×1年		摘　　要	仕丁	貸　　方
		前ページから		450,000			前ページから		20,000
9	18	諸　　口	3	200,000					

問題2

　　品川商店は，主要簿のほかに現金出納帳，当座預金出納帳，仕入帳，売上帳，受取手形記入帳，仕入先元帳，得意先元帳および商品有高帳を補助簿として用いている。次の取引が記入される具体的な帳簿を下記の用語群から選び，解答用紙の所定の欄に記入しなさい。同じ用語を何度使ってもよい。

1．甲商店からA商品100個を@¥3,000で仕入れ，代金は約束手形を振り出して支払った。
2．乙商店に対する買掛金¥200,000を小切手を振り出して支払った。
3．丙商店にB商品120個を@¥5,000で売り渡し，代金として山口商店振り出しの約束手形を裏書譲渡された。
4．A商店に対する売掛金¥500,000を同店振り出しの小切手で回収した。
5．さきにB商店に売り渡したC商品のうち20個に品質不良があったため，@¥500の値引きをし，

代金は売掛金から差し引いた。

6．C商店から受け取っていた約束手形¥200,000を取引銀行で割り引き，割引料¥4,000を差し引かれた残額を当座預金に預け入れた。

＜用語群＞

仕 訳 帳	総 勘 定 元 帳	現 金 出 納 帳	当 座 預 金 出 納 帳
仕 入 帳	売 上 帳	受 取 手 形 記 入 帳	支 払 手 形 記 入 帳
仕 入 先 元 帳	得 意 先 元 帳	商 品 有 高 帳	

1	
2	
3	
4	
5	
6	

1．（借）仕　　　　　　入　　300,000　　（貸）支 払 手 形　　300,000
2．（借）買　　掛　　金　　200,000　　（貸）当 座 預 金　　200,000
3．（借）受 取 手 形　　600,000　　（貸）売　　　　　　上　　600,000
4．（借）現　　　　　　金　　500,000　　（貸）売　　掛　　金　　500,000
5．（借）売　　　　　　上　　 10,000　　（貸）売　　掛　　金　　 10,000
6．（借）当 座 預 金　　196,000　　（貸）受 取 手 形　　200,000
　　　　手 形 売 却 損　　 4,000

1	仕訳帳, 総勘定元帳, 仕入帳, 支払手形記入帳, 商品有高帳
2	仕訳帳, 総勘定元帳, 当座預金出納帳, 仕入先元帳
3	仕訳帳, 総勘定元帳, 売上帳, 受取手形記入帳, 商品有高帳
4	仕訳帳, 総勘定元帳, 現金出納帳, 得意先元帳
5	仕訳帳, 総勘定元帳, 売上帳, 得意先元帳
6	仕訳帳, 総勘定元帳, 当座預金出納帳, 受取手形記入帳

注 順不同。各問は，すべての帳簿名が記入されて得点となる。

第3章
決算予備手続

1. 決算の意義と手続き

　決算とは，期首から記帳して，会計帳簿をすべて締め切り，期末に会計報告書（財務諸表）を作成する一連の簿記手続をいう。

　決算は，（1）決算予備手続，（2）決算本手続，（3）決算報告手続の順序で行われる。

（1）決算予備手続
　　① 総勘定元帳の記録を検証するために，「試算表」を作成する。
　　② 決算整理事項（棚卸表）に基づいて，「精算表」を作成する。

（2）決算本手続
　　① 決算整理事項の仕訳と総勘定元帳の処理を行う。
　　② 総勘定元帳の締切，他の会計帳簿の締切を行う。
　　　　（損益振替，利益振替，残高振替）
　　③ 繰越試算表の作成を行う。

（3）決算報告手続
　　① 損益計算書の作成を行う。
　　② 貸借対照表の作成を行う。

簿記一巡の手続き

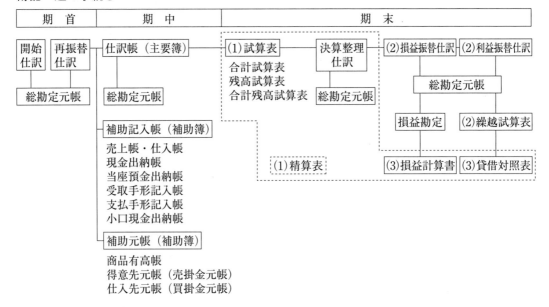

2．試算表の作成

　試算表は，決算を行うにあたり，元帳記入の正確性を確かめるために，仕訳帳から総勘定元帳に正しく転記されたか否かを検証する計算表である。

　試算表は，総勘定元帳に記帳されているすべての資産，負債，純資産（資本），収益，費用の諸勘定の合計額を集計して作成する。試算表の各勘定の借方，貸方合計は，貸借平均の原理に従って必ず一致する。試算表には，（1）合計試算表，（2）残高試算表，（3）合計残高試算表がある。

【例題1】
　次の勘定口座に基づいて，（1）合計試算表，（2）残高試算表，（3）合計残高試算表を作成しなさい。

（1）合計試算表

合計試算表

借　方	勘定科目	貸　方
12,000	現　　　　　金	5,500
500	借　　入　　金	2,000
	資　　本　　金	3,000
	売　　　　　上	7,000
4,000	仕　　　　　入	
1,000	給　　　　　料	
17,500		17,500

ポイント

借方の合計と貸方の合計を試算表に記入して作成する。

（2）残高試算表

残高試算表

借　方	勘定科目	貸　方
6,500	現　　　　　金	
	借　　入　　金	1,500
	資　　本　　金	3,000
	売　　　　　上	7,000
4,000	仕　　　　　入	
1,000	給　　　　　料	
11,500		11,500

ポイント

借方と貸方の残高を試算表に記入して作成する。

（3）合計残高試算表

合計残高試算表

借方残高	借方合計	勘定科目	貸方合計	貸方残高
6,500	12,000	現　　　金	5,500	
	500	借　入　金	2,000	1,500
		資　本　金	3,000	3,000
		売　　　上	7,000	7,000
4,000	4,000	仕　　　入		
1,000	1,000	給　　　料		
11,500	17,500		17,500	11,500

ポイント

上記（1）合計試算表と（2）残高試算表を合わせた試算表である。

問題1

次の勘定口座に基づいて，合計残高試算表を作成しなさい。

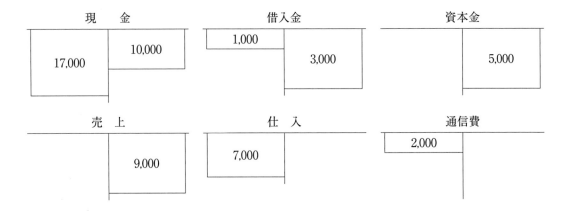

合計残高試算表

借方残高	借方合計	勘定科目	貸方合計	貸方残高
		現　　　金		
		借　入　金		
		資　本　金		
		売　　　上		
		仕　　　入		
		通　信　費		

合計残高試算表

借方残高	借方合計	勘定科目	貸方合計	貸方残高
7,000	17,000	現　　　　金	10,000	
	1,000	借　入　金	3,000	2,000
		資　本　金	5,000	5,000
		売　　　　上	9,000	9,000
7,000	7,000	仕　　　　入		
2,000	2,000	通　信　費		
16,000	27,000		27,000	16,000

第4章

現金・当座預金

1．現金預金

　「現金」とは，即時に支払手段となり得るものをいい，通貨（貨幣や紙幣）のほかに金融機関等ですぐに現金化することができる**他人振出小切手**，**配当金領収証**，期日が到来した**公社債の利札**，**郵便為替証書**，**送金小切手**も含まれる。

【例題1】

① 商品¥10,000を売り上げ，代金は現金で受け取った。
② 商品¥10,000を売り上げ，代金は得意先振出しの小切手で受け取った。
③ 商品¥10,000を仕入れ，代金は現金で支払った。
④ 水道光熱費¥10,000を現金で支払った。

① 売上代金の受取り
　商品の売上により，現金が¥10,000増えたので，「現金」勘定を借方に，「売上」勘定を貸方に記入する。

（借）現　　　　金　　10,000　　　（貸）売　　　　上　　10,000

② 売上代金の受取り
　他人が振り出した小切手は，銀行に持ち込めばすぐに換金できるので，簿記上では，「現金」として取り扱う。

（借）現　　　　金　　10,000　　　（貸）売　　　　上　　10,000

③ 仕入代金の支払い
　商品の仕入により，現金が¥10,000減るので，「現金」勘定を貸方に，「仕入」勘定を借方に記入する。

（借）仕　　　　入　　10,000　　　（貸）現　　　　金　　10,000

④ 水道光熱費の支払い
　水道光熱費の支払いにより，現金が¥10,000減るので，「現金」勘定を貸方に，「水道光熱費」勘定を借方に記入する。

（借）水 道 光 熱 費　　10,000　　　（貸）現　　　　金　　10,000

2．当座預金

　当座預金とは，預入・引出が頻繁に行われる場合に利用される預金であり，当座預金の預入と引出の記録は，当座預金（資産）勘定を用いて行われる。

【例題1】
　①　A銀行と当座取引契約を結び，現金¥200,000を預け入れた。
　②　電気代¥30,000が当座預金口座から引き落とされた。

　①　当座預金への預入
　　当座預金への預入により当座預金が増加するとともに，現金¥500,000が減少したため，「現金」勘定を貸方に，資産項目である「当座預金」勘定を借方に記入する。
（借）当　座　預　金　　　200,000　　　　（貸）現　　　　　金　　　200,000

　②　当座預金の引出
　　電気代¥30,000の自動引落により，当座預金が¥30,000減少したため，「当座預金」勘定を貸方に，費用項目である「水道光熱費」勘定を借方に記入する。
（借）水　道　光　熱　費　　　30,000　　　　（貸）当　座　預　金　　　30,000

3．小切手の振り出し

　小切手を振り出して代金を支払う場合，小切手を受け取った側は，銀行等に小切手を持っていくことで，振り出した側の当座預金口座から現金を受け取ることができる。そのため，小切手を振り出した側は，当座預金（資産）の減少，受け取った側は，現金（資産）の増加で処理する。また，自分で振り出した小切手（自己振出小切手）を受け取った場合は，当座預金の減少を取り消すために，借方に当座預金を仕訳する。

【例題1】
　①　大分商店に対する買掛金¥50,000支払のため，小切手を振り出した。
　②　宮崎商店は，売掛金¥60,000の回収に際し，熊本商店振り出しの小切手を受け取った。
　③　売掛金¥500,000について，当社振出の小切手で受け取った。

①（借）買　　　掛　　　金　　　50,000　　　（貸）当　座　預　金　　　50,000
②（借）現　　　　　　　金　　　60,000　　　（貸）売　　　掛　　　金　　　60,000
③（借）当　座　預　金　　　500,000　　　（貸）売　　　掛　　　金　　　500,000

4．当座借越

　小切手の振出は，原則として，当座預金残高を限度として行われる。残高を越えて小切手を振り出そうとすると不渡りが起きてしまい，会社の信用度に問題が生じる。しかし，実務上，銀行残高を気にしながら小切手を切るのは面倒なので，予め銀行と契約を結び，

当座預金残高を越えても一定の限度額まで小切手を振り出せるようにすることができる。これを当座借越契約という。当座借越契約に基づいて，預金残高を超えて小切手を振り出すことを「当座借越」という。

　当座借越の仕訳の方法には，「二勘定制」と「一勘定制」の2種類の方法がある。

（1）二勘定制による当座借越の処理

　二勘定制では，当座預金の入出金を「当座預金」と「当座借越」の2つの勘定を用いて処理する。その際，預金引出し額が当座預金残高を超えた分を「当座借越」勘定で処理する。当座借越は銀行からの短期的な借入金と同じ性質になるので，負債に属する勘定科目になる。

【例題1】

　① A店から商品¥340,000を仕入れ，代金は小切手を振り出して支払った。なお，当座預金の残高は¥265,000であるが，取引銀行とのあいだに借越限度額¥500,000の当座借越契約が結ばれている。

　② 先週末に受け取った得意先振出しの小切手¥90,000を当座預金に預け入れた。なお，当座預金出納帳の貸方残高は¥75,000である。

　① 当座借越の発生

　　小切手の振出により，商品¥340,000を仕入れたので，当座預金を減少させる。ただし，当座預金の残高は¥265,000なので，それを超える分を「当座借越」勘定として処理する。

（借）仕　　　　　入　　340,000　　（貸）当　座　預　金　　265,000
　　　　　　　　　　　　　　　　　　　　当　座　借　越　　 75,000

　② 当座借越の消滅

　　他社振出小切手を受け取った時に，すでに現金勘定の増加として処理しているため，それを後日，当座預金に預け入れた場合には，現金勘定を減少させるとともに，当座預金勘定を増加させる。その際に，当座借越勘定（負債）に残高が存在する場合には，まず，当座借越の残高がゼロになるまで返済に充当し，残りを当座預金の増加として処理する。

（借）当　座　借　越　　 75,000　　（貸）現　　　　　金　　 90,000
　　　当　座　預　金　　 15,000

（2）一勘定制による当座借越の処理

　一勘定制では，当座預金の入出金を「当座」という1つの勘定で処理する。当座勘定残高が借方にあれば，預金のプラス残高を示しており，貸方残高であれば，預金のマイナス残高であることを意味している。

【例題2】

　① 神奈川店から商品¥340,000を仕入れ，代金は小切手を振り出して支払った。なお，当座預金の残高は¥265,000であるが，取引銀行とのあいだに借越限度額¥500,000の当座借越契約

が結ばれている。
②　先週末に受け取った得意先振出しの小切手¥90,000 を当座預金に預け入れた。なお，当座預金出納帳の貸方残高は¥75,000 である。

①　当座借越の発生

　小切手の振出により，商品¥340,000 を仕入れたので，当座預金を当座勘定で減少させる。当座預金の残高は¥265,000 であるが，一勘定制は，マイナス残高も「当座」勘定で表す。

（借）仕　　　　　入　　　340,000　　　（貸）当　　　　　座　　　340,000

②　当座借越の消滅

　他社振出小切手を受け取った時に，すでに現金勘定の増加として処理しているため，それを後日，当座預金に預け入れた場合には，現金勘定を減少させるとともに，当座預金勘定を増加させる。プラス残高，マイナス残高の関係なく，相手勘定は，「当座」で仕訳を行う。

（借）当　　　　　座　　　90,000　　　（貸）現　　　　　金　　　90,000

（3）決算日に当座借越の状態である時の処理

　決算日においても当座借越が解消していない場合は，貸方の当座預金残高を当座借越（負債）または借入金（負債）で処理し，翌期首には再振替仕訳をして元に戻す。

【例題3】
①　決算日の当座預金残高が貸方に¥300,000 だったので，当座借越勘定に振り替える。
②　翌期首に再振替仕訳を行う。

①（借）当　座　預　金　　　300,000　　　（貸）当　座　借　越　　　300,000
　　　　　　　　　　　　　　　　　　　　　　　（　借　入　金　）
②（借）当　座　借　越　　　300,000　　　（貸）当　座　預　金　　　300,000
　　　（　借　入　金　）

問題 1
（1）次の問いに従い，仕訳を行いなさい。
①　当月分の家賃¥200,000 が当座預金から引き落とされた。
②　商品¥150,000 の注文を受け，手付金として現金¥50,000 を受け取った。
③　商品¥80,000 を売り上げ，代金は現金で受け取った。
④　商品¥65,000 を仕入れ，代金は小切手を振り出して支払った。
⑤　商品¥70,000 を売上げ，代金は得意先振出しの小切手で受け取った。

①（借）支　払　家　賃　　　500,000　　　（貸）当　座　預　金　　　200,000
②（借）現　　　　　金　　　50,000　　　（貸）前　受　金　　　50,000
③（借）現　　　　　金　　　80,000　　　（貸）売　　　　　上　　　80,000

| ④ | (借) | 仕 | 入 | 65,000 | (貸) | 当 座 預 金 | 65,000 |

④ （借）仕　　　　　入　　65,000　　（貸）当　座　預　金　65,000
⑤ （借）現　　　　　金　　70,000　　（貸）売　　　　　上　70,000

（2）次の問いに従い，仕訳を行いなさい。当座借越勘定を用いること。
① 買掛金¥200,000 を支払うため，小切手を振り出した。当座預金口座の残高は¥120,000 であったが，取引銀行と限度額¥300,000 の当座借越契約を結んでいる。
② 決算日につき，当座預金が¥50,000 の貸方残高だったので，適切な勘定に振り替える。

① （借）買　　　掛　　　金　200,000　　（貸）当　座　預　金　120,000
　　　　　　　　　　　　　　　　　　　　　　　　　当　座　借　越　　80,000
② （借）当　座　預　金　　50,000　　（貸）当　座　借　越　　50,000

5．外貨預金（2級）

　外貨預金は，日本円ではなく，ドルやユーロなどの外国通貨で預けた預金である。国外への輸出や国外からの輸入の際，商品取引を外国通貨で行う取引を外貨建取引という。外貨建取引を日本企業の帳簿に記載する際には取引価格を円に直して表示する必要がある（換算という）。

【例題1】
① 現金¥100,000 を 1,000 ドル（＄1＝¥100）に交換し，外貨預金に預け入れた。
② 決算時に外貨預金 1,000 ドル（＄1＝¥106）について換算替えを行う。
③ 簿価¥106,000 の外貨預金 1,000 ドルを全額引き出すとともに，円に交換し，現金として受け取った。引出時のレートは，＄1＝¥104 である。

① （借）外　貨　預　金　100,000　　（貸）現　　　　　金　100,000
　　　　1,000 ドル×¥100＝¥100,000
　取引発生時は，取引時の為替レートで換算する。

② （借）外　貨　預　金　　6,000　　（貸）為　替　差　益　　6,000
　　　　（106－100）×1,000 ドル＝6,000
　決算時は，外貨建の資産・負債を円に換算する。
　取引時と決算時の為替レートの変動から生じる差額は「為替差益」あるいは「為替差損」で処理する。

③ （借）現　　　　　金　104,000　　（貸）外　貨　預　金　106,000
　　　　為　替　差　損　　2,000
　　　　1,000 ドル×¥104＝104,000
　　　　（104－106）×1,000 ドル＝△2,000
　決済時には，取引時と決済時の為替レートの変動からくる差額を「為替差益」あるいは「為替差損」で処理する。

第5章

商品売買

　商品とは，お店の売り物のことをいう。本屋さんであれば，書籍，雑誌，魚屋さんであれば，魚が商品に当たる。お店の売り物となるものを買うことを「商品の仕入れ」，商品を顧客に販売することを「商品の売上げ」という。商品売買を行う際，商品の販売相手となる取引先を「得意先」，商品の仕入先となる取引先を「仕入先」という。

1．三分法
　この商品売買取引の仕訳方法には，「三分法」と「分記法」の2つの方法がある。
　三分法は，商品売買取引を，「仕入」（費用），「売上」（収益），「繰越商品」（資産）という3つの勘定に分けて仕訳する記帳方法である。

【例題1】
　①　仕入先から商品¥2,400を仕入れ，代金は現金で支払った。
　②　得意先に原価¥1,240の商品を¥3,500で売り上げ，代金は現金で受け取った。

　①　仕入時
　　商品を仕入れた場合には，商品の仕入原価（仕入れたときの金額）を「仕入」勘定で処理する。仕入勘定は費用に属する勘定科目なので，借方に記入する。

（借）仕　　　　　入　　2,400　　　　（貸）現　　　　　金　　2,400

　②　売上時
　　商品を売り上げた場合には，商品の売価を「売上」勘定で処理する。売上勘定は収益に属する勘定科目なので，貸方に記入する。

（借）現　　　　　金　　3,500　　　　（貸）売　　　　　上　　3,500

2．掛取引
　商品売買取引には，代金を現金で決済して商品の受渡しを行う「現金取引」のほかに，取引時には代金の精算を行わずに，後日，代金の受取りや支払いを約束して，商品の受渡しを行う取引がある。これを「掛取引」という。掛取引は，相手の信用をもとに成り立つ

取引なので,「信用取引」とも呼ばれる。

　掛取引を行うと,商品の販売先である得意先に対して「商品代金を後日受け取る権利」が生じる。一方,仕入先との間には,仕入れに係る「商品代金を後日支払う義務」が生じる。

　この商品代金を受け取る権利(債権)を「売掛金」といい,商品代金を支払う義務(債務)を「買掛金」という。売掛金は「売掛金」という資産科目で,買掛金は「買掛金」という負債科目で表示する。

【例題1】
　①　得意先に商品¥1,000を売り上げ,代金は掛けとした。
　②　得意先から売掛金¥1,000を現金で回収した。

| ① | (借)売　掛　金 | 1,000 | (貸)売　　　上 | 1,000 |
| ② | (借)現　　　金 | 1,000 | (貸)売　掛　金 | 1,000 |

【例題2】
　①　仕入先から商品¥10,000を仕入れ,代金は掛けとした。
　②　仕入先へ買掛金¥10,000を現金で支払った。

| ① | (借)仕　　　入 | 10,000 | (貸)買　掛　金 | 10,000 |
| ② | (借)買　掛　金 | 10,000 | (貸)現　　　金 | 10,000 |

3．仕入諸掛と移動平均法

（1）商品有高帳の形式

　商品有高帳とは,商品の種類ごとに,仕入れ・売上げ状況を記録し,在庫を明らかにするために作成される補助簿のことをいう。

仕入・売上取引について記入する

商品払出し数量・単価・金額を原価記入する

商　品　有　高　帳
商品 X
(単位：円)

×1年		摘　要	受　入			払　出			残　高		
			数量	単価	金額	数量	単価	金額	数量	単価	金額
8	1	前 月 繰 越	100	20	2,000				100	20	2,000
	2	仕　　　入	55	20	1,100				155	20	3,100
	3	仕 入 戻 し	5	20	100				150	20	3,000
	4	仕 入 値 引			150				150	19	2,850
	10	売　　　上				105	19	1,995	45	19	855
	12	売 上 戻 り				5	19	95	50	19	950
	31	小　　　計				100	—	1,900			
	〃	次 月 繰 越				50	19	950			
			150	—	2,850	150	—	2,850			

商品受入れ数量・単価・金額を記入する

（注）仕入戻し，仕入値引，売上戻りがあった場合は，朱記した上で，減額する。テキスト上では，ゴシック体で表記されている部分が朱記を意味する。

【例題 1】

　上記の商品有高帳から読み取れる取引について仕訳しなさい。なお，売価は@¥30 であり，8 月 15 日に売上値引¥100 を行った。また，商品売買はすべて掛取引である。

1．期　首
　商品の期首棚卸高¥2,000 は，「繰越商品」勘定にて，前期から繰り越されて資産計上されている。仕訳は発生しない。

2．期中取引
① 8 月 2 日（仕入）

（借）仕　　　　　入　　　1,100　　（貸）買　　掛　　金　　　1,100

② 8 月 3 日（仕入戻し）

（借）買　　掛　　金　　　100　　（貸）仕　　　　　入　　　100

③ 8 月 4 日（仕入値引）

（借）買　　掛　　金　　　150　　（貸）仕　　　　　入　　　150

④ 8 月 10 日（売上）

（借）売　　掛　　金　　　3,150　　（貸）売　　　　　上（＊1）　3,150

　　（＊1）売価@ 30 × 105 個＝売価 3,150

⑤　8月12日（売上戻り）

（借）売　　　　　　上（＊2）　150　　　　　（貸）売　　掛　　金　　　　150
　　　　（＊2）売価＠30×5個＝売価150

⑥　8月15日（売上値引）

（借）売　　　　　　上　　　100　　　　　（貸）売　　掛　　金　　　　100
　　　　（注）売上値引は，原価に影響を与えないので，商品有高帳には記入しない。

（2）先入先出法・移動平均法

　商品有高帳の記入方法は，払出単価の決定方法によって異なる。

　払出単価の決定方法にはいくつかの方法があるが，全経3級・2級の出題範囲になっている決定方法は，①先入先出法と②移動平均法の2つになる。

払出単価の決定方法	内　　容
①　先入先出法 (first-in, first-out method：FIFO)	先に仕入れた商品から先に払い出されるものと仮定して，払出単価を計算する方法
②　移動平均法 (moving average method)	商品を仕入れる都度，平均単価を求め，これを払出単価とする方法

【例題2】

　次の資料に基づき，商品の払出単価の決定方法として①先入先出法を用いた場合および②移動平均法を用いた場合における商品有高帳を作成しなさい。

〔商品Aに関する資料〕
```
6月1日　前月繰越　 50個　＠¥800
　　5日　仕　　入　200個　＠¥820
　　14日　売　　上　100個　＠¥860
　　20日　仕　　入　150個　＠¥840
　　25日　売　　上　200個　＠¥900
```

① 先入先出法

商 品 有 高 帳
商品A　　　　　　　　　　　　（単位：円）

×1年		摘　要	受　入			払　出			残　高		
			数量	単価	金額	数量	単価	金額	数量	単価	金額
6	1	前 月 繰 越	50	800	40,000				50	800	40,000
	5	仕　　入	200	820	164,000				200	820	164,000
	14	売　　上				50	800	40,000			
						50	820	41,000	150	820	123,000
	20	仕　　入	150	840	126,000				150	840	126,000
	25	売　　上				150	820	123,000			
						50	840	42,000	100	840	84,000
	30	次 月 繰 越				100	840	84,000			
			400		330,000	400		330,000			

（注）ゴシック体の部分は朱記を意味する。

〔払出し①（6 月 14 日）〕
　先入先出法では，先に仕入れた商品から先に払い出されるものと仮定するので，100 個の払出しのうち，先に仕入れた前月繰越分@￥800 の商品が 50 個払い出され，その後に仕入れた 6 月 5 日仕入分@￥820 の商品が 50 個払い出されたものと仮定する。

〔払出し②（6 月 25 日）〕
　200 個の払出しのうち，先に仕入れた 6 月 5 日仕入分@￥820 の商品が 150 個払い出され，その後に仕入れた 6 月 20 日仕入分@￥840 の商品が 50 個払い出されたものと仮定する。

当月（6 月）の売上原価	￥246,000（＊1）
次月繰越高	￥84,000（＊2）

（＊1）6 月の受入高合計￥330,000 －次月繰越高￥84,000 ＝￥246,000
　売上原価は，売り上げた商品の原価のことであるから，14 日と 25 日の払出し額の合計を求めても算出できる。
　　⇒　40,000 ＋ 41,000 ＋ 123,000 ＋ 42,000 ＝￥246,000
（＊2）6 月 20 日の仕入単価×残っている個数 ⇒ @￥840 × 100 個

② 移動平均法

商 品 有 高 帳

商品A　　　　　　　　　　　　　　　　　　　　　　　　　（単位：円）

×1年		摘　要	受　　入			払　　出			残　　高		
			数量	単価	金額	数量	単価	金額	数量	単価	金額
6	1	前 月 繰 越	50	800	40,000				50	800	40,000
	5	仕　　入	200	820	164,000				250	816	204,000
	14	売　　上				100	816	81,600	150	816	122,400
	20	仕　　入	150	840	126,000				300	828	248,400
	25	売　　上				200	828	165,600	100	828	82,800
	30	次 月 繰 越				100	828	82,800			
			400		330,000	400		330,000			

（注）ゴシック体の部分は朱記を意味する。

〔仕入れ①（6月5日）〕

　移動平均法では，商品を仕入れる都度，平均単価を求めることになる。

（前月繰越高＋6月5日受入高）÷（前月繰越個数＋6月5日受入個数）

＝（¥40,000＋¥164,000）÷（50個＋200個）＝@¥816

〔払出し①（6月14日）〕

　払出しの際は，算定された移動平均単価をもって払い出されたものと仮定する。

〔仕入れ②（6月20日）〕

　商品を仕入れる都度，新たな平均単価を求めることになる。

（6月14日残高＋6月20日受入高）÷（6月14日在庫数＋6月20日受入個数）

＝（¥122,400＋¥126,000）÷（150個＋150個）＝@¥828

〔払出し②（6月25日）〕

　払出しの際は，算定された移動平均単価をもって払い出されたものと仮定する。

当月（6月）の売上原価	¥247,200（＊1）
次月繰越高	¥82,800（＊2）

（＊1）6月の受入高合計¥330,000－次月繰越高¥82,800＝¥247,200

（＊2）@¥828×100個

4．クレジット売掛金

　クレジット売掛金（資産）は，商品を売上げ，代金の支払いがクレジットカードで行われた場合に受ける売掛金である。カードの信販会社に支払う手数料は支払手数料（費用）で処理する。

【例題1】

① 商品¥20,000 を売り上げ，代金はクレジットカードで受け取った。
　カード会社への支払手数料は¥400 である。
② ①の商品代金が当座預金に振り込まれた。

① 商品の売上時の仕訳

（借）売　　掛　　金　　19,600　　　（貸）売　　　　　　上　　20,000
　　　支　払　手　数　料　　　400

② 代金回収時の仕訳

（借）当　座　預　金　　19,600　　　（貸）クレジット売掛金　　19,600
　　※貸借対照表の表示上，クレジット売掛金は，一般の売掛金と合算して「売掛金」として表
　　　示される。仕訳の際に用いる勘定科目と表示科目の違いに注意する。

5．返　品

　返品とは，商品の品違い，品質不良，傷，汚れ，破損等の理由によって，商品自体を送り返すことをいう。
　返品は，商品の売手と買手の立場の違いにより，以下の2つに区別される。

仕入戻し➡　仕入れた商品を送り返すこと
売上戻り➡　売り上げた商品が送り返されること

　返品が行われた場合，仕入や売上がなかったことと同じなので，仕入取引や売上取引を取り消す処理を行う。したがって，仕入時や売上時の処理の貸借反対の仕訳（これを「逆仕訳」という）を行い，「売上」勘定または「仕入」勘定を減額する処理を行う。

【例題1】

① 仕入先から商品¥5,000 を仕入れ，代金は掛けとした。
② 上記①の商品のすべてを品違いのため返品した。この分は仕入先に対する掛け代金より差し引かれた。

① 仕入時

（借）仕　　　　　入　　5,000　　　（貸）買　　掛　　金　　5,000

② 返品時

　①で仕入れた商品のすべてを返品したので，その分の商品仕入がなかったことと同じになる。したがって，「仕入」勘定を減額する。また，¥5,000 分の仕入代金は，これから支払うことになる掛け代金から差し引かれることになるので，「買掛金」勘定を減額する。つまり，仕入時の処

理の貸借反対の仕訳（逆仕訳）をすることになる。

（借）買　　掛　　金　　　　5,000　　　　（貸）仕　　　　　　入　　　　5,000

【例題2】
　①　商品¥3,000を得意先に売り上げ，代金は掛けとした。
　②　上記①のすべてが品違いのため返品された。なお，この分は得意先に対する掛け代金から差し引いた。

　①　売上時
　（借）売　　掛　　金　　　　3,000　　　　（貸）売　　　　　　上　　　　3,000

　②　返品時
　　①で売り上げた商品のすべてが返品されたので，その分の商品売上がなかったことと同じになる。したがって，「売上」勘定を減額する。また，その分の売上代金は，これから受け取ることになる掛け代金から差し引くことになるので，「売掛金」勘定を減額する。つまり，売上時の処理の貸借反対の仕訳（逆仕訳）をすることになる。
　（借）売　　　　　　上　　　　3,000　　　　（貸）売　　掛　　金　　　　3,000

6．商品売買に係る帳簿
（1）仕入帳

　主要簿である仕訳帳だけでは，仕入取引に関する仕入先，品名，数量，単価，代金の支払方法等の明細までは記入しきれない。仕入帳は仕入取引の明細について記録するために設けられる補助簿である。

得意先名などを記入

仕　入　帳

支払方法を記入

×1年		摘　　　　　要		内　訳	金　額
8	6	A商店	掛		
		商品X	100個　@¥120		12,000
	7	A商店	戻し		
		商品X	10個　@¥120		1,200
	20	B商店	掛		
		商品Y	160個　@¥100	16,000	
		商品Z	40個　@¥ 50	2,000	18,000
	25	B商店	値引		
		商品Y	10個　@¥ 10		100
	30		総仕入高		① 30,000
	〃		仕入戻し・値引高		② 1,300
	〃		純仕入高		③ 28,700

（注）仕入戻しや仕入値引があった場合は，朱記する。テキスト上では，ゴシック体で表記されている部分が朱記を意味する。

【例題 1 】

上記の仕入帳から読み取れる取引について仕訳しなさい。

仕訳帳では，仕入れた商品の種類や単価ごとに分けて仕訳を行うことはしない。また，仕入先ごとに，使用する勘定科目を分けて仕訳することもしない。仕入取引の詳細は，補助簿である「仕入帳」に記録されることになる。

① 8月6日（商品仕入）
(借)仕　　　　　入　　12,000　　　(貸)買　掛　金　　12,000

② 8月7日（仕入戻し）
(借)買　掛　金　　1,200　　　(貸)仕　　　　　入　　1,200

③ 8月20日（商品仕入）
(借)仕　　　　　入　　18,000　　　(貸)買　掛　金　　18,000

④ 8月25日（仕入値引）
(借)買　掛　金　　100　　　(貸)仕　　　　　入　　100

（2）売上帳

主要簿である仕訳帳だけでは，売上取引に関する得意先，品名，数量，単価，代金の受

領方法等の明細までは記入しきれない。そこで，商品の売上取引についての明細を記入するために「売上帳」という補助簿を設ける。

売　上　帳

×1年		摘　　　　要			内　訳	金　　額
8	10	C商店		掛		
		商品X	50個	@¥200		10,000
	12	C商店		戻り		
		商品X	5個	@¥200		1,000
	25	B商店		掛		
		商品Y	80個	@¥150	12,000	
		商品Z	20個	@¥100	2,000	14,000
	26	D商店		値引		
		商品Y	5個	@¥ 20		100
	31			総売上高		24,000
	〃			売上戻り・値引高		1,100
	〃			純売上高		22,900

（得意先の商店名を記入）（取引方法を記入）

（注）売上戻しや売上値引があった場合は，朱記した上で，減額する。テキスト上では，ゴシック体で表記されている部分が朱記を意味する。

【例題2】

　上記の売上帳から読み取れる取引について仕訳しなさい。

　売上帳では，売り上げた商品の種類や単価ごとに分けて仕訳を行うことはしない。また，得意先ごとに使用する勘定科目を分けて仕訳することもしない。

　売上取引の詳細は，補助簿である「売上帳」に記録されることになる。

① 8月10日（売上）
（借）売　掛　金　　10,000　　　（貸）売　　　　　上　　10,000

② 8月12日（売上戻り）
（借）売　　　　　上　　1,000　　　（貸）売　掛　金　　1,000

③ 8月25日（売上）
（借）売　掛　金　　14,000　　　（貸）売　　　　　上　　14,000

④ 8月26日（売上値引）
（借）売　　　　　上　　100　　　（貸）売　掛　金　　100

第6章

その他の費用と収益

1. 費用の支払い

費用勘定には次のようなものがある。

仕　　　入	給　　　料	広告宣伝費	旅費交通費	通　信　費
発　送　費	水道光熱費	支　払　家賃	支　払　地　代	支　払　利　息
支払手数料	保　険　料	消　耗　品　費	租　税　公　課	修　　　繕　費

【例題1】

① 水道光熱費¥3,000 を現金で支払った。

② 従業員給料¥200,000 が当座預金から引き落とされた。

① （借）水 道 光 熱 費　　3,000　　（貸）現　　　　　金　　　3,000
② （借）給　　　　　料　200,000　　（貸）当 座 預 金　200,000

2. 収益の受取り

収益勘定には次のようなものがある。

売　　　上	受取手数料	受 取 家 賃	受 取 利 息	受 取 地 代

【例題1】

① 利息¥10,000 が当座預金に振り込まれた。

② 家賃¥80,000 を現金で受け取った。

① （借）当 座 預 金　　10,000　　（貸）受 取 利 息　　10,000
② （借）現　　　　　金　　80,000　　（貸）受 取 家 賃　　80,000

問題1

次の問いに従い仕訳を行いなさい。

① 郵便切手代¥10,000 が普通預金口座より引き落とされた。

② 電気・ガス代¥35,000 を現金で支払った。

③ 借入に関する利息¥3,000 を当座預金より支払った。

④ 家賃¥50,000を現金で受け取った。
⑤ 郵便局で収入印紙¥1,000を現金購入し，ただちに全額使用した。

① （借）通 信 費 10,000 （貸）普 通 預 金 10,000
② （借）水 道 光 熱 費 35,000 （貸）現 金 35,000
③ （借）支 払 利 息 3,000 （貸）当 座 預 金 3,000
④ （借）支 払 家 賃 50,000 （貸）現 金 50,000
⑤ （借）租 税 公 課 1,000 （貸）現 金 1,000

第**7**章

手　形

1．約束手形

　手形とは，債権者と債務者において，一定の日に一定の場所で一定の金額を支払うために取り交わす証書で，①約束手形，②為替手形２つの種類がある。手形代金の決済は通常，当座預金口座を通じて行われる。

　約束手形とは，手形の作成者である「振出人（支払人）」が，「名宛人（受取人）」に対して，一定の期日に一定の金額を支払うことを約束した証書である。約束手形の振出人は支払義務（債務）を負い，約束手形の名宛人は手形代金を受け取る権利（債権）を有する。

No.8　　収入印紙　印	約束手形　　N01387 東京都杉並区○○ 6-6-6 北千住商店　森谷智子　殿 金額　　　　￥　 500,000　　※ ×1年3月10日　　　　拒絶証書不要	東京 0202 0149 - 000 支払期日　×1年8月30日 支払地　東京都　新宿区 支払場所東京シティ銀行銀座支店

　振出地　東京都新宿区○○11-2
　振出人　銀座商店　銀座次郎　印

【例題１】

　①　A社はB社から商品￥2,000を仕入れ，代金は約束手形を振り出して支払った。
　②　A社はB社宛約束手形￥2,000の満期が到来したので，代金を当座預金より支払った。

　①　約束手形の振出
　　約束手形の振出人（支払人）は，約束手形を振り出した時に，「支払手形」勘定（負債）で処理する。
　（借）仕　　　　　入　　　　2,000　　　　（貸）支 払 手 形　　　　2,000

② 約束手形の決済

　支払期日（満期日）に当座預金から手形代金が引き落とされることになるので，債務を示す「支払手形」勘定を減少させるとともに，「当座預金」勘定（資産）を減少させる処理をする。

（借）支　払　手　形　　　　　2,000　　　　　（貸）当　座　預　金　　　　　2,000

【例題2】

① B社はA社へ商品¥1,000を売り上げ，代金はA社振出しの約束手形を受け取った。
② B社はA社振出しの約束手形¥1,000の満期が到来したため，代金を受け取り当座預金に預け入れた。

① 約束手形の名宛人（受取人）は，約束手形を受け取った時に，「受取手形」勘定（資産）で処理する。

（借）受　取　手　形　　　　　1,000　　　　　（貸）売　　　　　　上　　　　　1,000

② 支払期日（満期日）に当座預金に手形代金が入金されることになるので，債権を示す「受取手形」勘定を減少させるとともに，「当座預金」勘定（資産）を増加させる処理をする。

（借）当　座　預　金　　　　　1,000　　　　　（貸）受　取　手　形　　　　　1,000

2．手形貸付金と手形借入金

　通常の貸付け・借入れは，借用証書を用いて行うが，借用証書の代わりに手形を振り出す場合もある。

　借用証書の代わりに振り出された手形を受け取り，資金を貸し付けたときは，手形貸付金（資産）の増加として処理し，手形を振り出して資金を借り入れたときは，手形借入金（負債）の増加として処理する。

【例題1】

　A店に資金¥4,000,000を貸し付けるため，同店振出しの約束手形を受け取り，同日中に当店の当座預金よりA店の普通預金口座に同額を振り込んだ。

【当店（貸主）の仕訳】
（借）手　形　貸　付　金　　　4,000,000　　　　（貸）当　座　預　金　　　　4,000,000

【A店（借主）の仕訳】
（借）普　通　預　金　　　　　4,000,000　　　　（貸）手　形　借　入　金　　　4,000,000

【例題2】

　A店（借主）が手形借入金の金額を利息¥50,000とともに当座預金から支払った。

（借）手　形　借　入　金　　　4,000,000　　　　（貸）当　座　預　金　　　　4,050,000
　　　支　払　利　息　　　　　　50,000

問題 1

次の問いに従い仕訳を行いなさい。

① 岐阜商店に A 商品￥600,000 を売上げ，代金は手形で受け取ることにした。

② 福岡商店から商品￥200,000 を仕入れ，代金は手形を振り出して支払った。

③ 岐阜商店振り出しの A 商品に関する手形代金￥600,000 が当座預金に振り込まれた。

④ 福岡商店に対する約束手形の支払期限が到来したので，当座預金より引き落とされた。

⑤ 秋田商店から現金￥100,000 を借り入れ，同額の約束手形を渡した。

⑥ ⑤の借入金￥100,000 円の返済とともに利息￥10,000 を当座預金から支払った。

		借方	金額		貸方	金額
①	(借)	受 取 手 形	600,000	(貸)	売　上	600,000
②	(借)	仕　入	200,000	(貸)	支 払 手 形	200,000
③	(借)	当 座 預 金	600,000	(貸)	受 取 手 形	600,000
④	(借)	支 払 手 形	200,000	(貸)	当 座 預 金	200,000
⑤	(借)	現　金	100,000	(貸)	手 形 借 入 金	100,000
⑥	(借)	手 形 借 入 金	100,000	(貸)	当 座 預 金	101,000
		支 払 利 息	1,000			

第8章

その他の債権債務

１．未収金と未払金

　商品を販売して，その販売代金を翌月受け取る場合は，「売掛金」で処理するが，商品以外の物（建物・車両・備品・土地など）を売却して，その代金を後日受け取る場合は「未収金」(資産) で処理する。

【例題１】

　①　金子商店の倉庫用土地¥1,000,000 を売却し，代金の半分を現金で受け取り，残額は月末に受け取ることにした。
　②　上記後払いの金額が当座預金に振り込まれた。

①	(借) 未　収　金	500,000		(貸) 土　　　地	1,000,000			
	現　　　金	500,000						
②	(借) 当 座 預 金	500,000		(貸) 未　収　金	500,000			

　商品を購入して，その販売代金を翌月支払う場合は，「買掛金」で処理するが，商品以外の物（建物・車両・備品・土地など）を購入して，その代金を後日支払う場合は「未払金」(負債) で処理する。

【例題２】

　①　鈴木商店の倉庫用土地¥1,000,000 を購入し，代金の半分を現金で支払い，残額は月末に支払うことにした。
　②　上記後払いの金額を現金で支払った。

①	(借) 土　　　地	1,000,000		(貸) 未　払　金	500,000			
				現　　　金	500,000			
②	(借) 未　払　金	500,000		(貸) 現　　　金	500,000			

２．前払金と前受金

　商品を仕入れる際，商品注文時（予約金）の一部を内金や手付金として，前もって支払う場合がある。これを前払金（資産）という。

【例題1】
①　田中商店は¥800,000の商品の注文を行い，予約金として¥200,000を現金で支払った。
②　田中商店は上記の商品を仕入れ，予約金¥200,000を差し引いた残額は掛けとした。

①　（借）前　　払　　金　　200,000　　　（貸）現　　　　　金　　200,000
②　（借）仕　　　　　入　　800,000　　　（貸）前　　払　　金　　200,000
　　　　　　　　　　　　　　　　　　　　　　　買　　掛　　金　　600,000

　商品を販売する際，相手企業から商品注文時（予約金）の一部を内金や手付金として，前もって受け取る場合がある。これを前受金（負債）という。

【例題2】
①　山田商店は¥800,000の商品の注文を受け，予約金として¥200,000を現金で受け取った。
②　山田商店は上記の商品を販売し，予約金¥200,000を差し引いた残額は掛けとした。

①　（借）現　　　　　金　　200,000　　　（貸）前　　受　　金　　200,000
②　（借）前　　受　　金　　200,000　　　（貸）売　　　　　上　　800,000
　　　　　売　　掛　　金　　600,000

３．仮払金と仮受金

　従業員が出張に行く場合，出張に係る費用の詳細がわからないため，概算額を出張費として渡すことがある。この場合，現金の支払いは行われても，支払内容や金額が確定していないので，仮払金（資産）として処理する。支払内容が正確に判明した際には，仮払金から，適切な勘定科目へ振り替える。

【例題1】
①　従業員の出張の際に¥50,000を現金で支払った。
②　仮払いしていた上記出張費のうち，¥25,000は旅費交通費に使用した報告を受け，残額は，現金で受け取った。

①　（借）仮　　払　　金　　50,000　　　（貸）現　　　　　金　　50,000
②　（借）旅　費　交　通　費　25,000　　　（貸）仮　　払　　金　　50,000
　　　　　現　　　　　金　　25,000

　実務上，当座預金に入金があったとしても，その入金内容が不明の場合がある。

　その場合は，入金の処理をする一方で，仮受金（負債）で処理する。入金内容が正確に判明した際には，仮受金から，適切な勘定科目へ振り替える。

【例題2】
　①　当座預金に¥40,000 の入金があったが，その内容は不明であった。
　②　仮受処理していた上記金額は，売掛金を回収したことで生じたものであると判明した。

|①|（借）当　座　預　金|40,000|（貸）仮　　受　　金|40,000|
|②|（借）仮　　受　　金|40,000|（貸）売　　掛　　金|40,000|

4．立替金と預り金
　従業員や得意先が支払うはずの金銭を一時的に従業員に代わって支払うことがある。この時用いる勘定は立替金（資産）である。

【例題1】
　①　従業員が支払うべき通信費¥8,000 を会社が現金で立替えした。
　②　上記立替金に関して，立替代金を従業員から現金で受け取った。

|①|（借）立　　替　　金|8,000|（貸）現　　　　　金|8,000|
|②|（借）現　　　　　金|8,000|（貸）立　　替　　金|8,000|

　預り金は，従業員から金銭などを預かった場合に処理するものである。社会保険料や所得税に関する源泉徴収分を一時的に預かり，従業員に代わって納付する際に，預り金（負債）として処理する。

【例題2】
　①　従業員の給料¥200,000 の支払いの際，源泉所得税¥10,000 と社会保険料¥15,000 を差し引いて，残額を当座預金より支払った。
　②　源泉徴収していた従業員の¥10,000 を税務署に現金で納付した。

|①|（借）給　　　　　料|200,000|（貸）預　　り　　金|25,000|
|||　|当　座　預　金|175,000|

　　　　　　※預り金 25,000 ＝ 10,000 ＋ 15,000

|②|（借）預　　り　　金|10,000|（貸）現　　　　　金|10,000|

　　　　　　※「預り金」は，日商3級ではより具体的な勘定科目が用いられる場合がある。
　　　　　　　その場合，源泉所得税の場合は所得税預り金（負債），従業員負担の社会保険料の場合は社会保険料預り金（負債）の科目で処理される。

5．電子記録債権・債務の処理

（1）電子記録債権発生・消滅時の仕訳

　発生記録により，電子記録債権・債務が発生した場合，債権者は売掛金（資産）から電子記録債権（資産）に振り替え，債務者は買掛金（負債）から電子記録債務（負債）に振り替える。

【例題1】

　① 　A社（債権者）には，B社（債務者）に対する売掛金￥2,000がある。この売掛金について，電子記録債権を用いることにし，取引銀行を通じて発生記録を行った。

　② 　B社は取引銀行の当座預金からA社の口座に振込みを行った。

　① 　債権者側

（借）電 子 記 録 債 権　　2,000　　　　（貸）売　　　掛　　　金　　2,000

　　　債務者側

（借）買　　　掛　　　金　　2,000　　　　（貸）電 子 記 録 債 務　　2,000

　② 　債権者側

（借）当　座　預　金　　2,000　　　　（貸）電 子 記 録 債 権　　2,000

　　　債務者側

（借）電 子 記 録 債 務　　2,000　　　　（貸）当　座　預　金　　2,000

（2）電子記録債権譲渡時の仕訳

　手形の裏書譲渡のように，電子記録債権は他人に譲渡することができる。この場合，譲渡人は電子記録債権（資産）を減少させ，譲受人は電子記録債権（資産）の増加で処理する。

【例題2】

　　C社はD社に対する買掛金￥2,000の支払いのため，電子記録債権￥2,000の譲渡記録を行った。

　譲渡人

（借）買　　　掛　　　金　　2,000　　　　（貸）電 子 記 録 債 権　　2,000

　譲受人

（借）電 子 記 録 債 権　　2,000　　　　（貸）売　　　掛　　　金　　2,000

（3）貸付金に関する電子記録債権発生時の仕訳

　貸付金・借入金に関する電子記録債権債務の発生記録を行った時点では，勘定科目の振替えは行わない。そのため，「仕訳なし」で処理する。

【例題3】

① E社はF社に現金¥5,000を貸し付けた。
② 前例①について，それぞれ貸付金に関する電子記録債権の発生記録を行った。
③ F社は電子記録債務¥5,000を当座預金より決算し，E社の当座預金へ振り込まれた。

① 債権者（E社）
(借) 貸　付　金　　5,000　　(貸) 現　　　　金　　5,000
　　債務者（F社）
(借) 現　　　　金　　5,000　　(貸) 借　入　金　　5,000
②
　　　　　　　　債権者・債務者ともに仕訳なし
③ 債権者（E社）
(借) 当　座　預　金　5,000　　(貸) 貸　付　金　　5,000
　　債務者（F社）
(借) 借　入　金　　5,000　　(貸) 当　座　預　金　5,000

問題1

次の問いに従い仕訳を行いなさい。
① 三重商店は¥600,000の商品の注文を行い，手付金として¥100,000を現金で支払った。
② 三重商店は上記の商品を仕入れ，手付金¥100,000を差し引いた残額を掛けとした。
③ 愛媛商店の建物¥5,000,000を購入し，代金の半分を当座預金より支払い，残額は翌月に支払うことにした。
④ 上記③の残額を現金で支払った。
⑤ 従業員の出張の際に旅費交通費の概算額¥20,000を現金で支払った。
⑥ 従業員が帰社し，旅費交通費として¥12,000を使用した報告を受け，残額は，現金で受け取った。
⑦ 従業員の給料¥400,000支払いの際，源泉所得税¥20,000と社会保険料¥30,000（従業員負担分）を差し引いて，残額を当座預金より支払った。預り金は具体的な科目を用いること。
⑧ 預り金処理していた⑦の従業員の所得税¥20,000と社会保険料¥30,000（従業員負担分）をそれぞれ現金納付した。
⑨ 長崎商店は商品¥80,000を仕入れ，代金は掛けとした。
⑩ 長崎商店は⑨の掛代金につき，電子記録債務の発生記録を行った。
⑪ 電子記録債務の支払期限が到来し，長崎商店は⑩の代金を当座預金で決済した。

① (借) 前　払　金　100,000　　(貸) 現　　　金　100,000
② (借) 仕　　　入　600,000　　(貸) 前　払　金　100,000
　　　　　　　　　　　　　　　　　　買　掛　金　500,000
③ (借) 建　　　物　5,000,000　(貸) 当　座　預　金　2,500,000
　　　　　　　　　　　　　　　　　　未　払　金　2,500,000
④ (借) 未　払　金　2,500,000　(貸) 現　　　金　2,500,000
⑤ (借) 仮　払　金　20,000　　(貸) 現　　　金　20,000

⑥　（借）旅 費 交 通 費　　12,000　　　（貸）仮　　払　　金　　20,000
　　　　　 現　　　　　金　　 8,000
⑦　（借）給　　　　料　　400,000　　　（貸）所 得 税 預 り 金　　20,000
　　　　　　　　　　　　　　　　　　　　　　 社会保険料預り金　　30,000
　　　　　　　　　　　　　　　　　　　　　　 当 座 預 金　　350,000
⑧　（借）所 得 税 預 り 金　　20,000　　　（貸）現　　　　　金　　50,000
　　　　　 社会保険料預り金　　30,000
⑨　（借）仕　　　　入　　 80,000　　　（貸）現　　　　　金　　80,000
⑩　（借）買　　掛　　金　　 80,000　　　（貸）電 子 記 録 債 務　　80,000
⑪　（借）電 子 記 録 債 務　　80,000　　　（貸）当 座 預 金　　80,000

第9章

現　金（2）

1．現金過不足

　現金を適切に管理するためには，現金の帳簿上の有高（「帳簿残高」という）と手許の保有高（「実際有高」という）を照合する必要がある。帳簿の金額と手許にある金額が一致しない場合には，その不一致原因を調査し，<u>帳簿残高を実際有高に一致させるための修正</u>をしなければならない。

　帳簿残高と実際有高が一致しない場合には，その差額を「現金過不足」勘定に振り替えて，帳簿残高を実際有高に合わせておく。後日，不一致原因が判明した場合には，適切な勘定に振り替える。

　決算日になっても，不一致原因が判明しない場合には，現金不足（帳簿残高＞実際有高）が生じていれば，その差額を「雑損（または雑損失）」勘定で処理する。

　一方，現金過剰（帳簿残高＜実際有高）が生じていれば，その差額を「雑益（または雑収入）」勘定で処理する。

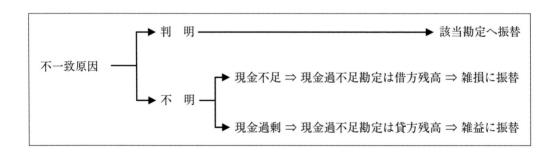

【例題1】
① 決算日における現金の実際有高は¥18,000であった。現金の帳簿残高は¥20,000であり，不一致の原因は不明である。
② 調査した結果，従業員の出張交通費¥1,600を現金で支払ったが，未処理であったことが判明した。
③ 残額¥400については不一致原因が不明であった。

① 現金不足が判明した時

　現金の帳簿残高（¥20,000）よりも実際有高（¥18,000）が¥2,000少ない状態なので，帳簿残高を実際有高に一致させるために，現金勘定を¥2,000減少させる。そして，その原因が判明するまで，相手勘定を「現金過不足」勘定で処理する。

（借）現 金 過 不 足　　　2,000　　　（貸）現　　　　　金　　　2,000（＊1）

　　　（＊1）帳簿残高20,000 － 実際有高18,000 ＝ 2,000

② 不一致原因が判明した時

　不一致差額のうち¥1,600は，交通費の費用計上をし忘れていたことによるものと判明したため，「現金過不足」勘定から，「旅費交通費」勘定に振り替える。

（借）旅 費 交 通 費　　　1,600　　　（貸）現 金 過 不 足　　　1,600

③ 不一致原因が不明な時

　不一致差額のうち¥400は原因不明である。したがって，「現金過不足」勘定から「雑損」勘定に振り替える。

（借）雑　　　　　損　　　400　　　（貸）現 金 過 不 足　　　400

【例題2】

① 決算における現金の実際有高は¥22,000であった。現金の帳簿残高は¥20,000であり，不一致の原因は不明である。
② 調査した結果，期中に受取利息¥1,600を現金で受け取っていたが，未処理であることが判明した。
③ 残額¥400については不一致原因が不明であった。

① 現金過剰が発生した時

　現金の帳簿残高（¥20,000）よりも実際有高（¥22,000）の方が¥2,000多い状態なので，帳簿残高を実際有高に一致させるために，現金勘定を¥2,000増加させる。そして，その原因が判明するまで，相手勘定を「現金過不足」勘定で処理する。

（借）現　　　　　金　　　2,000（＊1）　（貸）現 金 過 不 足　　　2,000

　　　（＊1）実際有高22,000 － 帳簿残高20,000 ＝ 2,000

② 不一致原因が判明した時

　不一致差額のうち¥1,600は，受取利息の収益計上を忘れていたことによるものと判明したため，「現金過不足」勘定から，「受取利息」勘定に振り替える。

（借）現 金 過 不 足　　　1,600　　　（貸）受 取 利 息　　　1,600

③ 不一致原因が不明な時

　不一致差額のうち¥400は原因不明である。したがって，「現金過不足」勘定から「雑益」勘定に振り替える。

（借）現 金 過 不 足　　　400　　　（貸）雑　　　　　益　　　400

2. 小口現金

　会社では，通常，経理部がお金の管理を行っているが，経理部以外の部署で日々生じる支払いのたびに，各部署の担当者が経理部に来て精算するのは大変である。そこで，各部署の担当者に一定額の現金を渡しておいて，日常で発生する少額の支払いは，各自がそのお金から支払ってもらう制度が設けられている。

　これを「小口現金」制度という。

　小口現金制度において，企業の資金管理を行う経理部の人を会計係と呼ぶ。また，各部署で小口現金を管理する人を小口係（用度係・小払係）という。

　小口現金は，「小口現金」勘定という資産に属する勘定科目で処理する。小口現金勘定を使用しているときは，現金勘定を使用しないのが一般的である。

　小口現金は，「定額資金前渡制度（インプレスト・システム）」によって管理される。

　定額資金前渡制度では，あらかじめ，一定期間（1週間または1カ月）における各部署の必要額を決定し，その必要額を用度係に前渡ししておく。一定期間経過後に用度係から，実際の支払額について報告された際に，小口現金の減少分を補給することによって，常に一定額の小口現金が用度係の手許にあるようにしておく。

【例題1】
① 定額資金前渡制度を採用し，小口現金として，¥80,000の小切手を振り出し，用度係に前渡しした。
② 用度係は郵便切手等の諸経費を小口現金で支払った。
③ 月末に用度係から1カ月分の支払明細（交通費¥16,000，通信費¥60,000）の報告を受けた。
④ 補給のために，用度係に小切手を振り出した。

① 前渡時

　小切手を振り出して用度係に渡しているので，当座預金を減少させて，小口現金を増加させる。小口現金勘定は，資産に属する勘定科目である。

（借）小　口　現　金　　　80,000　　　（貸）当　座　預　金　　　80,000

② 用度係支払時

　用度係が小口現金で諸経費を支払った段階では，まだ会計係はその報告を受けていないので仕訳は行わない。

仕　訳　な　し

　ただし，用度係は小口現金の支払明細を，補助簿である「小口現金出納帳」に記録して管理することになる。

③　支払報告時

会計係は，用度係から支払報告を受けたときに，小口現金を適当な勘定科目に振り替える。

（借）交　　通　　費　　　　16,000　　　　（貸）小　口　現　金　　　　76,000

　　　通　　信　　費　　　　60,000

④　補給時

定額資金前渡制度を採用しているので，減少した小口現金の金額と同額を補給することによって，小口現金の前渡額を一定額（¥80,000）に保っておく。

（借）小　口　現　金　　　　76,000　　　　（貸）現　　　　　　金　　　　76,000

問題 1

次の問いに従い仕訳を行いなさい。

①　月末に金庫を実査したところ，紙幣¥100,000，硬貨¥6,000，得意先振り出し小切手¥20,000，約束手形¥10,000，郵便切手¥2,000 が保管されていたが，現金出納帳残高は¥140,000 であった。不一致の原因を調べたが原因が不明だったので現金過不足で処理した。

②　決算日において，過日借方に計上していた現金過不足¥40,000 の原因を改めて調査した結果，旅費交通費¥60,000，受取手数料¥36,000 円の記入漏れが判明した。残りは原因不明である。

①　（借）現　金　過　不　足　　　　14,000　　　　（貸）現　　　　　　金　　　　14,000

　　現金に該当するもの：100,000 ＋ 6,000 ＋ 20,000 ＝ 126,000 円

　　　　　　　　　　　140,000（帳簿有高）－ 126,000（実際有高）＝ 14,000 帳簿が過大

②　（借）旅　費　交　通　費　　　　60,000　　　　（貸）現　金　過　不　足　　　　40,000

　　　　雑　　　　　損　　　　16,000　　　　　　受　取　手　数　料　　　　36,000

第10章

税金・引出金

1．消費税の処理

　みなさんにとっても身近な税金だと思われるが，消費税は，国内で行われる物品やサービスの消費に課税される税金である。会計上，消費税の処理は税抜方式と税込方式がある。3級では税抜方式を学習する。

　税抜方式では，物品を売買した際に物品の価格と消費税を区別して仕訳する。

【例題1】

① 　商品￥400,000（このうち消費税￥32,000）を掛けで仕入れた。

② 　商品￥600,000（このうち消費税￥48,000）を売り上げ，代金は掛けとした。

③ 　当期の消費税仮払額は￥32,000，仮受額は￥48,000である。

④ 　消費税未払い分￥16,000を現金で納付した。

①	（借）仕　　　　　入	368,000	（貸）買　　掛　　金	400,000
	仮 払 消 費 税	32,000		
②	（借）売　　掛　　金	600,000	（貸）売　　　　　上	552,000
			仮 受 消 費 税	48,000
③	（借）仮 受 消 費 税	48,000	（貸）仮 払 消 費 税	32,000
			未 払 消 費 税	16,000
④	（借）未 払 消 費 税	16,000	（貸）現　　　　　金	16,000

2．引出金と税金

　お店の資本金を，店主個人のために使うこともできる。これを「資本の引出（し）」という。資本の引出をした時は，「資本金」勘定（純資産）を減額する。なお，資本の引出が頻繁に行われる時は，期中は「資本金」の代わりに「引出金」（資本のマイナスを表す）勘定を使うこともある。どちらの勘定を使用するかは，問題文の指示に従うことになる。

【例題1】

　店舗兼居住用の建物に係る固定資産税¥84,000と店主の所得税¥61,000を現金で納付した。なお，固定資産税のうち25％については店主個人居住部分に対するものである。

① 「資本金」勘定を使用する場合

　事業用（店用）として使用している建物や土地にかかる固定資産税は，店の経費としての性格をもつものであるため，「租税公課」勘定（費用）として処理する。

　一方，「店主用」のように私用にかかる固定資産税は，本来，店主個人のポケットマネーから支払われるべきものであるが，これを店のお金で支払った場合には「資本の引出」として処理する（＝「資本金」勘定の減額処理をする）。

（借）租　税　公　課　　　63,000（＊1）　　（貸）現　　　　　金　　　145,000
　　　資　　本　　金　　　82,000（＊2）

　　（＊1）固定資産税¥84,000×事業用割合75％＝固定資産税（事業用）¥63,000

　　（＊2）所得税¥61,000＋固定資産税¥84,000×個人用割合25％＝店主個人負担分¥82,000

② 「引出金」勘定を使用する場合

　「資本金」勘定（純資産）を減額する代わりに，「引出金」勘定を借方計上します。「引出金」勘定は，資本の引出の時だけに使われる仮の勘定科目です。

（借）租　税　公　課　　　63,000（＊1）　　（貸）現　　　　　金　　　145,000
　　　引　　出　　金　　　82,000（＊2）

　「引出金」勘定は，資本の引出の時だけに使われる仮の勘定科目なので，決算時に残高がある場合は，本来の処理である「資本金」勘定（純資産）のマイナスに振り替える。

【例題2】

　決算整理として，引出金勘定の残高¥61,500を整理する。

決算整理仕訳

（借）資　　本　　金　　　61,500　　　（貸）引　　出　　金　　　61,500

問題1

　次の問いに従い仕訳を行いなさい。消費税は10％で計算すること。
① 商品¥100,000を仕入れ，代金は消費税とともに掛けとした。
② 商品¥300,000を売り上げ，代金は消費税とともに掛けとした。
③ 決算において消費税の納税額を計算する。仮払消費税が¥10,000，仮受消費税は¥30,000であった。
④ 消費税の未払い分¥20,000を現金で納付した。

① （借）仕　　　　　入　　　100,000　　　（貸）買　　掛　　金　　　110,000
　　　　仮　払　消　費　税　　　10,000

②　（借）売　　掛　　金　　330,000　　（貸）売　　　　　　　上　　300,000
　　　　　　　　　　　　　　　　　　　　　　　仮 受 消 費 税　　30,000
③　（借）仮 受 消 費 税　　30,000　　（貸）仮 払 消 費 税　　10,000
　　　　　　　　　　　　　　　　　　　　　　　未 払 消 費 税　　20,000
④　（借）未 払 消 費 税　　20,000　　（貸）現　　　　　　　金　　20,000

第11章

有価証券と有形固定資産

１．有価証券（２級）

　有価証券は，企業会計上では，金融商品取引法に規定する株式，債券，投資信託，貸付信託などを指す。下記のように４つの分類がある。

（１）売買目的有価証券
（２）満期保有目的債券
（３）子会社株式及び関連会社株式
（４）その他有価証券

　（１）売買目的有価証券に限定して学習することになる。売買目的有価証券とは，時価の変動により利益を得ることを目的として保有する有価証券である。

（１）売買目的有価証券の取得
　売買目的有価証券の取得時における付随費用は，取得した売買目的有価証券の取得価額に含めて処理する。

　　　有価証券の取得原価＝購入代価＋付随費用

【例題１】
　売買目的で株式を￥10,000で買い入れ，代金は買入手数料￥300とともに翌月に支払うことにした。

　有価証券の購入代金を後で支払うこととしたときに生じる債務は，「未払金」勘定（負債）で処理する。
（借）売買目的有価証券　　　　10,300（＊）　　（貸）未　払　金　　　　10,300
　　　（＊）購入代価￥10,000＋買入手数料￥300＝￥10,300

（2）売買目的有価証券の売却

　売買目的有価証券を売却した場合には，保有していた有価証券が減るので，売却した有価証券の帳簿価額を減額する。売却によって受け取った金額（売却価額）と売却された有価証券の帳簿価額を比較して，得をしているのか，損しているのかによって，処理方法が異なる。

≪売買目的有価証券の売却損益≫

「売却価額－帳簿価額」の額が		勘定科目	項目
プラスになる場合	⇒	有価証券売却益	収益
マイナスになる場合	⇒	有価証券売却損	費用

【例題2】

　売買目的で保有している株式200株@¥2,000のうち100株を@¥2,400で売却し，代金は相手先振出しの小切手で受け取った。

（借）現　　　　金　240,000　　　（貸）売買目的有価証券　　200,000
　　　　　　　　　　　　　　　　　　　有価証券売却益　　　40,000（＊）

帳簿価額（保有している株式の価額）⇒ ¥2,000 × 200株 = ¥400,000
　　　　　　　　　　　　　1株 = ¥2,000（= 400,000 ÷ 200株）
　　　　　　　　　　　　100株 = ¥200,000

売却価額 ⇒ @¥2,400 × 100株 = ¥240,000

　　（＊）売却価額240,000 －帳簿価額200,000 = ¥40,000

【例題3】

　売買目的で保有しているA社発行の社債（額面総額¥100,000，購入単価@¥98）を，1口につき@¥97で売却し，代金は小切手で受け取った。

（借）現　　　　金　97,000（＊1）　（貸）売買目的有価証券　　98,000（＊2）
　　　有価証券売却損　　1,000（＊3）

　　（＊1）（額面金額¥100,000 ÷ @¥100）× 売却単価@¥97 = 売却価額¥97,000
　　（＊2）（額面金額¥100,000 ÷ @¥100）× 購入単価@¥98 = 帳簿価額¥98,000
　　（＊3）売却価額¥97,000 －帳簿価額¥98,000 = △¥1,000

2．有形固定資産

　有形固定資産とは，物理形態を有する固定資産のうち，長期にわたって営業活動のために使用されるものをいう。

　たとえば，建物，機械，車両，備品，土地などが有形固定資産に該当する。

（1）有形固定資産の取得原価

　有形固定資産の購入に付随して発生した付随費用（購入手数料，運送費，荷役費，据付費，試運転費，登記費など）は，取得価額に含めることになる。

有形固定資産の取得原価＝購入代価＋付随費用

【例題1】

　備品¥375,000 を購入し，代金の全額を翌月末に支払うことにした。この購入にともない発生した運搬費¥5,000 および据付費¥9,000 は現金で支払った。

（借）備　　　　　品	389,000（＊）	（貸）未　　払　　金	375,000
		現　　　　　金	14,000

　　（＊）購入代価¥375,000 ＋付随費用¥14,000（＝運搬費¥5,000 ＋据付費¥9,000）
　　　　　＝取得原価¥389,000

（2）有形固定資産の減価償却

　有形固定資産は，一定の使用期間にわたって使用することにより，生産に役立つものであるが，有形固定資産の利用，時の経過，陳腐化，不適応化等の原因により，次第にその価値（経済的便益）が減っていく。

　そこで，決算において，当期中に減った資産の価値を見積り，その分だけ有形固定資産の帳簿価額を減らす手続きを行う。これを有形固定資産の減価償却という。

　減価償却の手続きにより，把握された取得原価の減額分を「減価償却費」（費用）として，費用計上する。

≪減価償却の方法≫

　減価償却の方法にはいくつかの方法があるが，「定額法」を学習することになる。

　「定額法」とは，固定資産の耐用期間にわたって，毎期均等額の減価償却費を計上する方法をいう。定額法では，①取得原価，②残存価額，③耐用年数の3つの要素を使用して，以下の公式に基づいて毎期の減価償却費を計算していく。

減価償却費＝（取得原価−残存価額）÷耐用年数

用　語	意　味
①取得原価	購入代価＋付随費用
②残存価額	耐用年数まで使用したときに残っている価値
③耐用年数	有形固定資産の見積使用可能年数

【例題2】

期首に現金で購入した建物¥1,000,000（残存価額はゼロ，耐用年数10年）について，決算にあたり，減価償却費を計上する。

減価償却費 ⇒ 1,000,000 ÷ 10 = 100,000

≪減価償却の記帳方法≫

有形固定資産について減価償却をした場合，会計帳簿の記帳方法には，次の2つの方法がある。

種　類	意　味
①直接法	毎期の減価償却費を，当該資産の取得原価（または期首の帳簿価額）から直接控除する方法
②間接法	毎期の減価償却費を，当該資産の取得原価（または期首の帳簿価額）から直接控除せず，「減価償却累計額」勘定を設け，累計額を貸方記入する方法

【例題3】

期首に現金で購入した建物¥1,000,000について，決算にあたり，減価償却費を¥100,000計上する。

① 直接法

（借）減 価 償 却 費　　　100,000　　　　（貸）建　　　　　物　　　100,000

決算整理後残高試算表

借　　方	勘定科目	貸　　方
900,000	建　　　　　物	
100,000	減 価 償 却 費	

取得原価から減価償却費を直接控除した金額
（1,000,000 − 100,000）が帳簿残高に記載される。

② 間接法

（借）減 価 償 却 費　　　100,000　　　　（貸）備品減価償却累計額　　　100,000（＊）

決算整理後残高試算表

借　　方	勘定科目	貸　　方
1,000,000	建　　　　物	
	備品減価償却累計額	100,000（＊）
100,000	減　価　償　却　費	

> 間接法の場合は，帳簿残高は常に取得原価のまま。

> 建物の価値減額分は，減価償却累計額を見て把握される。

（＊）「備品減価償却累計額」勘定は，対象資産から間接的に控除する形で設定する「評価勘定」であり，対象資産のマイナスを意味する。

固定資産の帳簿価額＝取得原価－減価償却累計額

問題1

次の問いに従い仕訳を行いなさい。

① 業務用に使用する目的でコピー複合機￥430,000 を購入し，設置費用￥20,000 を含めた￥450,000 のうち，￥200,000 は小切手を振り出して支払い，残額は翌月以降の分割払いとした。

② 半年前に新店舗開発用の土地 800m² を 1m² あたり￥30,000 で購入する契約を締結し，手付金を￥4,000,000 支払っていたが，本日正式に土地の引き渡しを受けたため，残額を当座預金より支払った。

③ 期首に，不用になった建物（取得原価￥720,000，減価償却累計額￥600,000）を￥100,000 で売却し，代金は翌月末に受け取ることになっている。

④ 決算において，2 年前に購入した備品（取得原価￥100,000）について，定額法（耐用年数：5 年，残存価額：取得原価の 10%）により減価償却を行う。記帳は間接法である。

① （借）備　　　　　　品　450,000　　（貸）当　座　預　金　200,000
　　　　　　　　　　　　　　　　　　　　　未　払　　金　250,000
　　　　※分割払いでも後で分けて支払うだけで，固定資産代金の後払いであると考える。

② （借）土　　　　　　地　24,000,000　（貸）仮　払　　金　4,000,000
　　　　　　　　　　　　　　　　　　　　　当　座　預　金　20,000,000

③ （借）減価償却累計額　600,000　　（貸）備　　　　　品　720,000
　　　　未　収　　金　100,000
　　　　固定資産売却損　20,000

④ （借）減　価　償　却　費　18,000　　（貸）減価償却累計額　18,000

第12章

株式の発行

1．株式の発行

　株式の発行によって出資された金額（払込金額）のうち，いくらを資本金とするかは，会社法の規定に従った処理を行う必要がある。会社法の規定では，原則として，払込金額の全額を資本金にしなければならない。

【例題1】

　会社設立時に株式200株を1株あたり¥20,000で発行し，払込金額は現金で受け取った。

（借）現　　　　　金　　4,000,000　　　　（貸）資　　本　　金　　4,000,000

問題1

　次の問いに従い仕訳を行いなさい。
①　株式会社の設立にあたって，株式4,000株を1株あたり¥600で発行し，全株式について払い込みを受け，払込金額は普通預金とした。
②　増資のため，株式2,400株を1株あたり¥400で発行し，全株式について払込を受け，払込金額は当座預金とした。

①　（借）普　通　預　金　　2,400,000　　　（貸）資　　本　　金　　2,400,000
②　（借）当　座　預　金　　　960,000　　　（貸）資　　本　　金　　　960,000

第13章

決算の手続き

1．決算の意義と手続き

　決算とは，期末にすべての帳簿の締め切りを行い，損益計算書と貸借対照表を作成するための一連の手続きをいう。この一連の手続きを行うことにより，当該会計期間中に獲得した利益，すなわち当期純利益を明らかにすることができる。

　決算は（1）決算予備手続，（2）決算本手続，（3）財務諸表の作成という手順で行われる。この一連の決算手続を表したのが図13－1である。

図13－1　決算手続

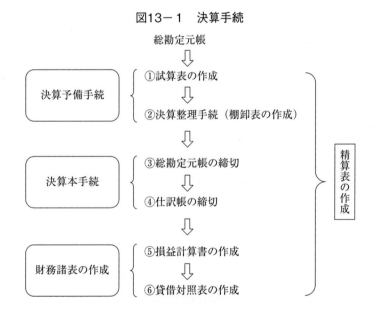

　決算手続とは別に，決算においては精算表が作成される。精算表は決算手続事項ではないが，試算表から財務諸表の作成までを一覧表にしたもので，決算の手続を外観できるとともに，その手続に誤りがないか検証することができる。

　決算の手続は，総勘定元帳の各勘定に記帳された金額を集計して，試算表を作成することから始まる。試算表には，合計試算表，残高試算表，および合計残高試算表の3種類があり，その作成方法は第3章で学習した。本章では，試算表の次の手続となる決算整理手続について述べていく。

2．決算整理手続と棚卸表の作成

　会計期間中に行われた取引は，すべて仕訳帳に記入され，総勘定元帳に転記される。決算においては，総勘定元帳に転記された金額は試算表に集計されるので，試算表を見れば，資産・負債・純資産・収益・費用の勘定残高を知ることができる。しかしながら，決算日における資産・負債・純資産の勘定残高は，必ずしも正確な期末有高を表しているとは限らない。同様に，収益・費用の勘定残高も，当該会計期間中の正確な発生高を表しているとは限らない。したがって，適正な期間損益計算を行うために，期末におけるこれらの各勘定残高が正しい金額を表すように修正する手続を行わなくてはならない。これを決算整理手続という。

　決算整理手続を行うにあたっては，修正項目を列挙した棚卸表を作成する。棚卸表の例を示すと以下のとおりである。

棚　卸　表

×1年12月31日　　　　　　　　　　　　（単位：円）

修正科目	摘　　要			金　額
繰 越 商 品	A商品	100個	@¥2,000	200,000
売 　掛　 金	期末残高		¥600,000	
	貸倒引当金，期末残高の1%	¥600,000 × 0.01 ＝ ¥6,000		594,000

3．決算整理事項①

（1）決算整理事項

　決算整理手続を行うにあたって修正を必要とする項目を決算整理事項という。

① 　売上原価の計算

② 　有形固定資産の減価償却

③ 　貸倒れの見積り

④ 　現金過不足の処理

⑤ 　消耗品の処理

⑥ 　費用の繰延べ

⑦ 　費用の見越し

　これらのうち，②は第11章で，④は第9章で学習した。ここでは残りの5項目の決算整理事項について述べていく。

（2）売上原価の計算

① 　売上原価と売上総利益の計算

　商品販売業では，期末に売上原価を算出することが必要になる。なぜならば，売上原価を算出しないと，商品の販売によって得られた利益，すなわち売上総利益を計算することができないからである。売上原価は販売した商品の原価である。売上原価と売上総利益は，

以下の計算式で算出する。

　　期首商品棚卸高＋当期商品純仕入高－期末商品棚卸高＝売上原価
　　売上高－売上原価＝売上総利益

② 売上原価に関する会計処理
１）仕入勘定で計算する方法
　三分法を採用している場合，通常，売上原価は仕入勘定で算定される。たとえば，期首商品棚卸高が¥300，当期純仕入高が¥2,000，期末商品棚卸高が¥200であったとする。このときの繰越商品勘定と仕入勘定は以下のとおりである。

繰越商品		仕　入	
前期繰越　300		2,000	

　仕入勘定の残高は当期商品純仕入高となっているので，これに期首商品棚卸高を加えるには，前期繰越額¥300を繰越商品勘定から仕入勘定に振り替える。

（借）仕　　　入　　　300　　（貸）繰　越　商　品　　　300

繰越商品		仕　入	
前期繰越　300	仕　入　300	2,000	
		繰越商品　300	

　これによって繰越商品勘定の残高は¥0となり，仕入勘定の残高は期首商品棚卸高¥300と当期商品純仕入高¥2,000の合計¥2,300となる。続いて，期末商品棚卸高¥200を仕入勘定の借方から繰越商品勘定に振り替える。

（借）繰　越　商　品　　　200　　（貸）仕　　　入　　　200

繰越商品		仕　入	
前期繰越　300	仕　入　300	2,000	繰越商品　200
仕　入　200		繰越商品　300	

　これによって仕入勘定の残高は期首商品棚卸高¥300と当期商品純仕入高¥2,000の合計¥2,300から期末商品棚卸高¥200を差し引いた¥2,100，すなわち売上原価の金額となる。一方，繰越商品勘定の残高は期末商品棚卸高の¥200となる。

2）売上原価勘定で計算する方法（2級）

　売上原価の計算は，仕入勘定ではなく売上原価勘定（費用の勘定）を用いて行う方法もある。たとえば，期首商品棚卸高が¥300，当期純仕入高が¥2,000，期末商品棚卸高が¥200であったとする。このときの繰越商品勘定と仕入勘定は以下のとおりである。

繰越商品		仕　　入	
前期繰越　　300			2,000

　売上原価勘定で計算する方法では，繰越商品勘定の前期繰越額を売上原価勘定に振り替える。

（借）売　上　原　価　　　　300　　　（貸）繰　越　商　品　　　　300

繰越商品		売　上　原　価	
前期繰越　　300	売上原価　　300	繰越商品　　300	

　これによって売上原価勘定の借方に期首商品棚卸高¥300が計上される。続いて，期末商品棚卸高¥200を売上原価勘定の貸方と繰越商品勘定の借方に記入する。

（借）繰　越　商　品　　　　200　　　（貸）売　上　原　価　　　　200

繰越商品		売　上　原　価	
前期繰越　　300	売上原価　　300	繰越商品　　300	繰越商品　　200
売上原価　　200			

　これによって繰越商品勘定の残高は期末商品棚卸高の¥200となる。一方で，売上原価勘定の貸方に期末商品棚卸高¥200が計上される。最後に仕入勘定の残高を売上原価勘定に振り替える。

（借）売　上　原　価　　　2,000　　　（貸）仕　　　　　入　　　2,000

仕　　入		売　上　原　価	
2,000	売上原価　2,000	繰越商品　　300	繰越商品　　200
		仕　　入　2,000	

　これによって仕入勘定の残高は0になる。一方で，売上原価勘定の借方には期首商品棚

卸高￥300と当期商品純仕入高￥2,000が計上され，貸方には期末商品棚卸高￥200が計上される。これによって売上原価勘定の残高は￥2,100となり，売上原価の金額となる。

③　売上総利益に関する会計処理

1）仕入勘定で計算する方法

　売上原価を仕入勘定で計算する方法では，売上総利益は売上勘定の残高と仕入勘定の残高を損益勘定に振り替えることによって，損益勘定で算出する。たとえば売上高が￥2,500の場合，振替仕訳と勘定記入は以下のようになる。

（借）売　　　　上　　2,500　　（貸）損　　　　益　　2,500
（借）損　　　　益　　2,100　　（貸）仕　　　　入　　2,100

```
            売      上                        仕      入
損   益  2,500  │         2,500                     2,000 │ 繰越商品    200
               │                      繰越商品    300 │ 損    益  2,100

            損      益
仕    入  2,100 │ 売    上  2,500
```

　これによって損益勘定の残高は，売上勘定の残高￥2,500から仕入勘定の残高（売上原価）￥2,100を差し引いた金額となり，売上総利益が￥400と算出されるのである。

2）売上原価勘定で計算する方法（2級）

　売上原価を売上原価勘定で計算する方法では，売上総利益は売上勘定の残高と売上原価勘定の残高を損益勘定に振り替えることによって，損益勘定で算出する。たとえば売上高が￥2,500の場合，振替仕訳と勘定記入は以下のようになる。

（借）売　　　　上　　2,500　　（貸）損　　　　益　　2,500
（借）損　　　　益　　2,100　　（貸）売　上　原　価　2,100

```
            売      上                        売  上  原  価
損   益  2,500  │         2,500       繰越商品    300 │ 繰越商品    200
               │                      仕    入  2,000 │ 損    益  2,100

            損      益
売上原価  2,100 │ 売    上  2,500
```

【例題1】

　期末の繰越商品勘定と仕入勘定は以下のとおりであった。期末商品棚卸高は¥200,000である。決算に必要な仕訳を行い，売上原価を①仕入勘定で計算する方法と②売上原価勘定で計算する方法で算出しなさい。

繰越商品		仕　入	
前期繰越　250,000		8,650,000	

①　仕入勘定で計算する方法

（借）仕　　　　　入	250,000	（貸）繰　越　商　品	250,000
（借）繰　越　商　品	200,000	（貸）仕　　　　　入	200,000

②　売上原価勘定で計算する方法

（借）売　上　原　価	250,000	（貸）繰　越　商　品	250,000
（借）繰　越　商　品	200,000	（貸）売　上　原　価	200,000
（借）売　上　原　価	8,650,000	（貸）仕　　　　　入	8,650,000

　　　＊売上原価＝¥250,000＋¥8,650,000－¥200,000＝¥8,700,000

（3）貸倒れの見積り

①　貸倒れとは

　貸倒れとは，得意先の倒産などによって，受取手形や売掛金の一部が回収できなくなることをいう。たとえば，当期に発生した売掛金が貸倒れとなった場合は，これにより売掛金が回収できなくなる。そこで，貸倒額を貸倒損失勘定（費用の勘定）の借方に記入するとともに，売掛金勘定の貸方に記入して売掛金勘定の残高を減少させる。

【例題2】

　当期に生じた所沢商店に対する売掛金¥150,000が回収不能となったので，その処理を行う。

（借）貸　倒　損　失	150,000	（貸）売　　掛　　金	150,000

②　貸倒引当金の設定

　決算日には貸倒れに備えた会計処理を行う。つまり，過去の経験から受取手形や売掛金の一部が次期に貸倒れとなることが予想できる場合には，その金額を合理的に見積もって貸倒引当金勘定（資産の評価勘定）に計上するのである。

　貸倒引当金の計上は差額補充法によって行う。差額補充法とは，貸倒見積額から貸倒引当金勘定の残高を差し引いた差額を，貸倒引当金繰入勘定（費用の勘定）の借方と貸倒引当金勘定の貸方に計上する方法である。これによって貸倒引当金勘定の残高は貸倒見積額となる。

【例題3】

　売掛金の期末有高に対し，1.0%の貸倒れを差額補充法による見積もる。各勘定の期末有高は以下のとおりである。決算に必要な仕訳を行いなさい。

　　　売　掛　金　¥600,000　　貸倒引当金　¥2,000

（借）貸 倒 引 当 金 繰 入　　　　4,000　　　　（貸）貸 倒 引 当 金　　　　4,000
　　　＊¥600,000 × 0.01 － ¥2,000 ＝ ¥4,000

（4）消耗品の処理

① 決算時における消耗品の処理

　消耗品を購入時に消耗品費勘定（費用の勘定）で処理している場合は，当期中に購入した消耗品を決算日までにすべて使用することが前提となっている。しかしながら，実際にはすべて使用されることはない。そこで，期末に消耗品の未使用高がある場合は，それを消耗品費勘定から消耗品勘定（資産の勘定）に振り替えなければならない。つまり，未使用高については消耗品費勘定から控除するとともに，消耗品勘定に計上して次期に繰り越すのである。これによって消耗品費勘定の残高は，当期の消耗品使用分に修正される。

【例題4】

　期末の消耗品費勘定は以下のとおりであり，消耗品の未使用高は¥9,000である。決算に必要な仕訳を行うとともに，消耗品費勘定と消耗品勘定への記入を行いなさい。

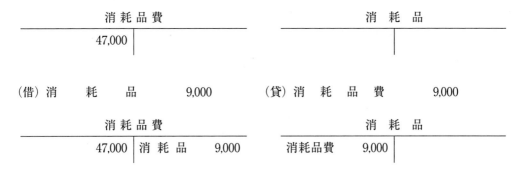

（5）費用の繰延べ

① 費用の繰延べとは

　費用の繰延べとは，決算に際し前払費用を計上することをいう。当期に費用として支出した金額のうち次期以降に帰属する分がある場合，それは次期以降の費用を前払いしていることになる。そこで，前払い分を当期の費用から控除するとともに，前払費用（資産の勘定）に計上しなければならない。なぜならば，次期以降の費用を当期の費用として処理した場合，適正な期間損益計算ができなくなるからである。前払費用には，前払保険料，前払地代，前払家賃などがある。

② 費用の繰延べの会計処理

1）費用の支払時

　費用を支払った場合は，該当する費用の勘定の借方に支払額を記入する。たとえば，11月1日に半年分の保険料として¥6,000を現金で支払った場合の仕訳は，以下のようになる。

（借）保 険 料　　　　6,000　　（貸）現 　 　　金　　　　6,000

2）決算時

　決算時に費用の前払い分がある場合には，それを前払費用として計上するとともに，当該費用勘定から控除しなくてはならない。たとえば，決算日が12月31日である場合，上述の保険料の支払額のうち，1月1日から4月30日までの4カ月分（¥4,000）は次期以降の保険料となるので，それを前払保険料勘定（資産の勘定）の借方に記入する。それとともに，これは当期の保険料ではないので，保険料勘定（費用の勘定）の貸方に記入して控除するのである。このときの仕訳は以下のとおりである。

（借）前 払 保 険 料　　　　4,000　　（貸）保 険 料　　　　4,000

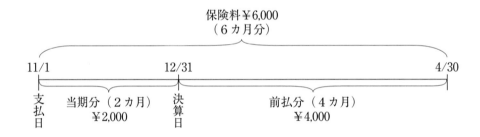

3）次期の期首

　決算時に前払費用を計上した場合は，次期の期首に再振替仕訳をして，前払費用を当該費用勘定に振り替える。なぜならば，前払費用は次期以降には当該会計期間の費用となるからである。たとえば，決算時に前払保険料を¥4,000計上した場合の再振替仕訳は，以下のようになる。

（借）保 険 料　　　　4,000　　（貸）前 払 保 険 料　　　　4,000

【例題5】
　決算に際し，家賃の前払高が¥6,000ある。決算に必要な仕訳を行いなさい。

（借）前 払 家 賃　　　　6,000　　（貸）支 払 家 賃　　　　6,000

【例題6】

　前期に繰り延べていた家賃の前払分¥6,000 を，期首に再振り替えした。

　（借）支　払　家　賃　　　　6,000　　　　（貸）前　払　家　賃　　　　6,000

（6）費用の見越し

①　費用の見越し

　費用の見越しとは，決算に際し未払費用を計上することである。当期に発生した費用は，その支払いがまだ行われていなくても，当期に帰属する費用であるため，これを計上しなくてはならない。なぜならば，当期に発生した費用を計上しないと，適正な期間損益計算ができないからである。しかしながら，まだ支払いが行われていないので，これを未払費用（負債の勘定）として計上するのである。未払費用には，未払給料，未払利息，未払家賃などがある。

②　費用の見越しの会計処理

1）費用の発生時

　費用が発生しても，その支払いが行われていなければ，その時点で仕訳をする必要はない。たとえば，11 月 1 日に建物の賃貸借契約を結び，家賃は半年ごとに¥600,000 ずつ後払いすることにしたとする。その場合，このときから支払家賃は発生しているものの，その支払いは行われていないため，仕訳をする必要はない。

2）決算時

　決算時に費用の未払い分がある場合には，それを未払費用として計上するとともに，当該費用の勘定に計上しなくてはならない。たとえば，決算日が 12 月 31 日の場合，上述の支払家賃のうち，11 月 1 日から 12 月 31 日までの 2 カ月分（¥200,000）は当期の支払家賃となるので，支払家賃勘定（費用の勘定）の借方に記入する。しかしながら，その支払いは行われていないので，未払家賃勘定（負債の勘定）の貸方にも記入するのである。このときの仕訳は以下のとおりである。

　（借）支　払　家　賃　　　200,000　　　　（貸）未　払　家　賃　　　200,000

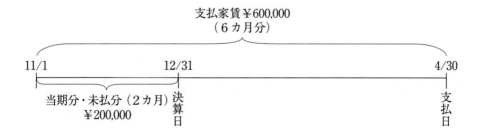

３）次期の期首

　決算時に未払費用を計上した場合は，次期の期首に再振替仕訳をして，未払費用を当該費用勘定に振り替える。なぜならば，未払費用は次期以降に支払われるからである。たとえば，決算時に未払家賃を¥200,000計上した場合の再振替仕訳は，以下のようになる。

　（借）未 払 家 賃　　　200,000　　　（貸）支 払 家 賃　　　200,000

　これで，4月30日に支払家賃¥600,000を計上しても，支払家賃勘定の残高は次期の分だけとなる。

【例題７】

　決算に際し，給料の未払高が¥100,000ある。決算に必要な仕訳を行いなさい。

　（借）給　　　　　　料　　　100,000　　　（貸）未 払 給 料　　　100,000

【例題８】

　前期末に見越し計上していた給料の未払高¥100,000を，期首に再振り替えした。

　（借）未 払 給 料　　　100,000　　　（貸）給　　　　　　料　　　100,000

４．決算整理事項②

（1）決算整理事項

①　収益の繰延べ

②　収益の見越し

③　貯蔵品の処理

④　当座借越の処理

⑤　消費税の処理

⑥　法人税等の処理

　これらのうち④は第4章で，⑤は第9章で学習した。そこで，ここでは残りの4項目の決算整理事項の会計処理について述べていく。

（2）収益の繰延べ

①　収益の繰延べとは

　収益の繰延とは，決算に際し前受収益を計上することをいう。当期に収益として受け取った金額のうち次期以降に帰属する分がある場合，それは次期以降の収益を前受けしていることになる。そこで，前受け分を当期の収益から控除するとともに，前受収益（負債の勘定）に計上しなければならない。なぜならば，次期以降の収益を当期の収益として処理

した場合，適正な期間損益計算ができなくなるからである。前受収益には，前受手数料，前受地代，前受家賃などがある。

② 収益の繰延べの会計処理

１）収益の受取時

　収益を受け取った場合は，該当する収益の勘定の貸方に受取額を記入する。たとえば，11月1日に半年分の地代として¥600,000を現金で受け取った場合の仕訳は，以下のようになる。

　（借）現　　　　　金　　　600,000　　　（貸）受　取　地　代　　　600,000

２）決算時

　決算時に収益の前受け分がある場合には，それを前受収益として計上するとともに，当該収益勘定から控除しなければならない。たとえば決算日が12月31日である場合，上述の地代の受取額のうち，1月1日から4月30日までの4カ月分（¥400,000）は次期以降の受取地代となるので，それを前受地代勘定（負債の勘定）の貸方に記入する。それとともに，これは当期の収益ではないので，受取地代勘定（収益の勘定）の借方に記入して控除するのである。このときの仕訳は以下のとおりである。

　（借）受　取　地　代　　　400,000　　　（貸）前　受　地　代　　　400,000

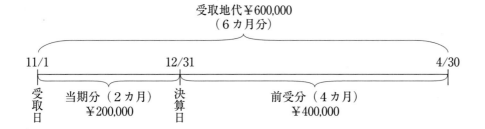

３）次期の期首

　決算時に前受収益を計上した場合は，次期の期首に再振替仕訳をして，前受収益を当該収益勘定に振り替える。なぜならば，前受収益は次期以降には当該会計期間の収益となるからである。たとえば，決算時に前受地代を¥400,000計上した場合の再振替仕訳は，以下のようになる。

　（借）前　受　地　代　　　400,000　　　（貸）受　取　地　代　　　400,000

【例題1】

　決算に際し，手数料の前受高が¥11,000 ある。決算に必要な仕訳を行いなさい。

　（借）受 取 手 数 料　　　　11,000　　　　（貸）前 受 手 数 料　　　　11,000

【例題2】

　前期末に繰り延べていた手数料の前受分¥11,000 を，期首に再振り替えした。

　（借）前 受 手 数 料　　　　11,000　　　　（貸）受 取 手 数 料　　　　11,000

（3）収益の見越し

①　収益の見越しとは

　収益の見越しとは，決算に際し未収収益を計上することである。当期に発生した収益は，それをまだ受け取っていなくても，当期に帰属する収益であるため，これを計上しなくてはならない。なぜならば，当期に発生した収益を計上しないと，適正な期間損益計算ができないからである。しかしながら，まだ受け取っていないので，これを未収収益（資産の勘定）として計上するのである。未収収益には，未収利息，未収家賃，未収手数料などがある。

②　収益の見越しの会計処理

1）収益の発生時

　収益が発生しても，それを受け取っていなければ，その時点で仕訳をする必要はない。たとえば，11月1日に建物の賃貸借契約を結び，家賃は半年ごとに¥600,000 ずつ後払いで受け取ることにした場合，このときから受取家賃は発生しているものの，まだ受け取っていないため，仕訳をする必要はない。

2）決算時

　決算時に収益の未収分がある場合には，それを未収収益として計上するとともに，当該収益の勘定に計上しなくてはならない。たとえば，決算日が12月31日の場合，上述の受取家賃のうち，11月1日から12月31日までの2カ月分（¥200,000）は当期の受取家賃となるので，受取家賃勘定（収益の勘定）の貸方に記入する。しかしながら，まだ受け取っていないので，未収家賃勘定（資産の勘定）の借方にも記入するのである。このときの仕訳は以下のとおりである。

　（借）未 収 家 賃　　　　200,000　　　　（貸）受 取 家 賃　　　　200,000

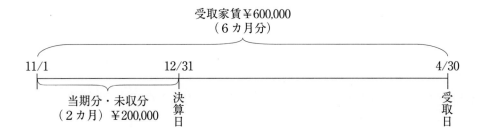

3）次期の期首

　決算時に未収収益を計上した場合は，次期の期首に再振替仕訳をして，未収収益を当該収益勘定に振り替える。なぜならば，未収収益は次期以降に受け取るからである。たとえば，決算時に未収家賃を¥200,000計上した場合の再振替仕訳は，以下のようになる。

　（借）受　取　家　賃　　　　200,000　　　（貸）未　収　家　賃　　　　200,000

　これで，4月30日に受取家賃¥600,000を計上しても，受取家賃勘定の残高は次期の分だけとなる。

【例題3】

　決算に際し，手数料の未収高が¥30,000ある。決算に必要な仕訳を行いなさい。

　（借）未　収　手　数　料　　　30,000　　　（貸）受　取　手　数　料　　　30,000

【例題4】

　前期末に見越し計上していた手数料の未収高¥30,000を，期首に再振り替えした。

　（借）受　取　手　数　料　　　30,000　　　（貸）未　収　手　数　料　　　30,000

（4）貯蔵品の処理

①　決算時における貯蔵品の処理

　郵便切手や収入印紙は，郵便切手であれば通信費勘定，収入印紙であれば租税公課勘定というように，それらの購入時に費用の勘定で処理される。これは，当期中に購入した郵便切手や収入印紙が決算日までにすべて使用されることを前提としている。しかしながら，実際にはすべて使用されることはない。そこで，これらについて期末に未使用高がある場合は，当該費用の勘定から貯蔵品勘定（資産の勘定）に振り替える。つまり，郵便切手の未使用高は通信費勘定から貯蔵品勘定へ，収入印紙の未使用高は租税公課勘定から貯蔵品勘定に振り替えるのである。貯蔵品勘定は，一時的に保有する資産を処理するための勘定である。未使用高を当該費用の勘定から控除することで，決算時における当該費用の

勘定残高は当期の使用分に修正される。

【例題5】

　期末の通信費勘定と租税公課勘定は以下のとおりである。これらには郵便切手の未使用高が¥6,000，収入印紙の未使用高が¥1,000含まれている。決算に必要な仕訳を行うとともに，通信費勘定，収入印紙勘定，および貯蔵品勘定への記入を行いなさい。

通　信　費		租　税　公　課	
27,000		9,000	

(借) 貯 　 蔵 　 品	7,000	(貸) 通 　 信 　 費	6,000
		租 　 税 　 公 　 課	1,000

通　信　費		租　税　公　課	
27,000	貯 蔵 品 　 6,000	9,000	貯 蔵 品 　 1,000

貯　蔵　品	
諸 　 口 　 7,000	

②　次期の期首

　決算時に貯蔵品勘定に振り替えた郵便切手や収入印紙の未使用高は，次期の期首に再振替仕訳を行い，貯蔵品勘定から通信費勘定や租税公課勘定へ振り替えておく。なぜならば，これらの未使用高は次期以降に使用され，費用となるからである。

【例題6】

　期末に貯蔵品勘定に振り替えていた郵便切手の未使用高¥6,000と収入印紙の未使用高¥1,000を，期首に再振り替えした。

(借) 通 　 信 　 費	6,000	(貸) 貯 　 蔵 　 品	7,000
租 　 税 　 公 　 課	1,000		

（5）法人税等の処理

　株式会社の所得に課される税金には，法人税，住民税および事業税の3つがあり，これらをまとめて法人税等勘定で処理する。法人税等の計上や納付は，次のような手続きで行われる。

① 法人税等の中間申告

　会計期間が1年の会社は，決算日から半年が経過した日の2カ月以内に中間申告を行わなければならない。その際に納付する金額は，前年度の法人税額の2分の1に相当する金額，または中間決算に基づいて計算された半年分の法人税額のどちらかである。これを中間納付といい，仮払法人税等勘定（資産の勘定）の借方に記入して処理する。

② 法人税等の計上

　法人税等の金額は決算によって算定され，法人税等勘定の借方に計上される。法人税等はすでに中間申告においてその一部が納付されているので，法人税等の金額から中間納付額を差し引いた金額が未払法人税等勘定（負債の勘定）の貸方に記入される。また，法人税等の計上により，仮払法人税等勘定は，法人税等勘定に振り替えられるので消滅する。

③ 法人税等の確定申告

　決算において算定された法人税等は，確定申告を行い，納付する。納付額は決算によって確定した法人税等の金額から中間納付額を差し引いた未払分であり，納付したら未払法人税等勘定の借方に記入する。

【例題7】

　次の連続した取引を仕訳しなさい。

　　1. 新宿商事株式会社は，法人税等の中間申告を行い，前年度の法人税等¥648,000の2分の1を小切手を振り出して納付した。
　　2. 決算の結果，法人税等の額は¥772,000と算定された。
　　3. 確定申告を行い，法人税等の未払額を小切手を振り出して納付した。

1. （借）仮 払 法 人 税 等　324,000　　（貸）当 座 預 金　324,000
2. （借）法 人 税 等　772,000　　（貸）仮 払 法 人 税 等　324,000
　　　　　　　　　　　　　　　　　　　　未 払 法 人 税 等　448,000
3. （借）未 払 法 人 税 等　448,000　　（貸）当 座 預 金　448,000

問題1

　次の決算整理前残高試算表と決算整理事項に基づいて，決算整理仕訳を行いなさい。

決算整理前残高試算表

×1年12月31日

借　　方	勘 定 科 目	貸　　方
368,000	現　　　　　金	
15,000	現 金 過 不 足	
767,000	当 座 預 金	
620,000	売　　掛　　金	
	貸 倒 引 当 金	8,000
555,000	繰 越 商 品	
700,000	貸　　付　　金	
3,000,000	備　　　　　品	
	買　　掛　　金	424,000
	借　　入　　金	1,000,000
	資　　本　　金	3,000,000
	繰 越 利 益 剰 余 金	300,000
	売　　　　　上	10,850,000
	受 取 利 息	60,000
6,582,000	仕　　　　　入	
1,685,000	給　　　　　料	
159,000	交　　通　　費	
168,000	通　　信　　費	
223,000	消 耗 品 費	
514,000	支 払 家 賃	
146,000	租 税 公 課	
140,000	支 払 利 息	
15,642,000		15,642,000

決算整理事項

1．期末商品棚卸高　　¥587,000
2．貸倒引当金　　　　売掛金について残高の3.0%の貸し倒れを見積もる。差額補充法により処理する。
3．備品・減価償却　　定額法により減価償却費の計算を行い，直接法により記帳する。
　　　　　　　　　　なお，備品は当期首に取得したものであり，耐用年数は5年，残存価額はゼロと見積もられている。
4．現金過不足の残高は原因不明につき，雑損として処理する。
5．消耗品の未使用高　¥50,000
6．家賃の前払高　　　¥68,000
7．利息の未払高　　　¥42,000

1．（借）仕　　　　　　入　　　555,000　　（貸）繰　越　商　品　　　555,000
　　（借）繰　越　商　品　　　587,000　　（貸）仕　　　　　　入　　　587,000
2．（借）貸倒引当金繰入　　　　10,600　　（貸）貸　倒　引　当　金　　　10,600
　　　　＊¥620,000 × 0.03 − ¥8,000 = ¥10,600
3．（借）減　価　償　却　費　　　600,000　　（貸）備　　　　　　品　　　600,000

$$＊\frac{¥3,000,000 - ¥0}{5\,年} = ¥600,000$$

4．（借）雑　　　　　　損　　　　15,000　　（貸）現　金　過　不　足　　　15,000
5．（借）消　　耗　　品　　　　　50,000　　（貸）消　耗　品　費　　　　　50,000
6．（借）前　払　家　賃　　　　　68,000　　（貸）支　払　家　賃　　　　　68,000
7．（借）支　払　利　息　　　　　42,000　　（貸）未　払　利　息　　　　　42,000

第14章

精算表・財務諸表

1．精算表

　精算表は試算表から財務諸表の作成までを一覧にした表である。決算では決算整理手続きを行った後，帳簿の締切を行い財務諸表を作成するが，その前に精算表を作成することで決算の手続を概観できるとともに，その手続に誤りがないか検証するとができる。

　精算表には，6桁精算表，8桁精算表，10桁精算表といった種類がある。

　8桁精算表では，決算整理手続で行われた決算整理仕訳を整理記入欄に記入する。そして，残高試算表欄の金額に整理記入欄の金額をプラスマイナスして残高を計算し，損益計算書欄と貸借対照表欄を完成させるのである。たとえば，以下の決算整理仕訳を精算表に記入すると以下のようになる。

　決算整理仕訳

①	(借) 仕　　　　　入	300		(貸) 繰　越　商　品	300	
	(借) 繰　越　商　品	200		(貸) 仕　　　　　入	200	
②	(借) 貸倒引当金繰入	40		(貸) 貸　倒　引　当　金	40	

精　算　表

勘定科目	残高試算表		整理記入		損益計算書		貸借対照表	
	借　方	貸　方	借　方	貸　方	借　方	貸　方	借　方	貸　方
：								
貸　倒　引　当　金		20		② 40				60
繰　越　商　品	300		① 200	① 300			200	
：								
仕　　　　　　入	2,000		① 300	① 200	2,100			
：								
貸倒引当金繰入			② 40		40			

【例題 1】

　次の決算にあたって修正すべき事項（決算整理事項）に基づいて，（株）花小金井商事（会計期間は×1年4月1日～×2年3月31日）の精算表を完成しなさい。

決算にあたって修正すべき事項

1．期末商品棚卸高　￥200,000
2．貸 倒 引 当 金　売掛金について残高の1.0％の貸倒れを見積る。差額補充法により処理する。
3．備 品 減 価 償 却　定額法により減価償却費の計算を行い，直接法により記帳する。
　　　　　　　　　　なお，備品の取得原価は￥3,000,000であり，耐用年数は5年，残存価額は0と見積もられている。
4．現金過不足の残高は原因不明につき，雑益として処理する。
5．消耗品の未使用高　￥9,000
6．保険料の前払高　￥4,000
7．家賃の未払高　￥200,000

精　算　表

勘定科目	残高試算表		整理記入		損益計算書		貸借対照表	
	借　方	貸　方	借　方	貸　方	借　方	貸　方	借　方	貸　方
現　　　　　金	1,290,000							
現 金 過 不 足		1,000						
当 座 預 金	1,919,000							
売　掛　金	600,000							
貸 倒 引 当 金		2,000						
繰 越 商 品	300,000							
貸　付　金	4,300,000							
備　　　品	1,800,000							
買　掛　金		1,760,000						
借　入　金		2,000,000						
資　本　金		3,000,000						
繰越利益剰余金		1,074,000						
売　　　上		12,120,000						
受 取 手 数 料		30,000						
仕　　　入	8,650,000							
給　　　料	884,000							
交　通　費	70,000							
通　信　費	14,000							
消 耗 品 費	47,000							
保　険　料	6,000							
支 払 家 賃	41,000							
支 払 利 息	66,000							
	19,987,000	19,987,000						
雑　　　益								
貸倒引当金繰入								
減 価 償 却 費								
消　耗　品								
前 払 保 険 料								
未 払 家 賃								
当 期 純 利 益								

決算整理仕訳

1．（借）仕　　　　　入　　300,000　　（貸）繰 越 商 品　　300,000
　　（借）繰 越 商 品　　200,000　　（貸）仕　　　　　入　　200,000
2．（借）貸倒引当金繰入　　4,000　　（貸）貸 倒 引 当 金　　4,000
　　　　＊¥600,000 × 0.01 − ¥2,000 = ¥4,000
3．（借）減 価 償 却 費　　600,000　　（貸）備　　　　　品　　600,000

$$*\frac{¥3,000,000 - ¥0}{5 \text{年}} = ¥600,000$$

4．（借）現　金　過　不　足　　1,000　　（貸）雑　　　　　　　益　　1,000
5．（借）消　　耗　　品　　9,000　　（貸）消　耗　品　費　　9,000
6．（借）前　払　保　険　料　　4,000　　（貸）保　　険　　料　　4,000
7．（借）支　払　家　賃　200,000　　（貸）未　払　家　賃　200,000

精　算　表

勘定科目	残高試算表		整理記入		損益計算書		貸借対照表	
	借　方	貸　方	借　方	貸　方	借　方	貸　方	借　方	貸　方
現　　　　　金	1,290,000						1,290,000	
現 金 過 不 足		1,000	1,000					
当 座 預 金	1,919,000						1,919,000	
売 　 掛 　 金	600,000						600,000	
貸 倒 引 当 金		2,000		4,000				6,000
繰 越 商 品	300,000		200,000	300,000			200,000	
貸 　 付 　 金	4,300,000						4,300,000	
備 　 　 　 品	1,800,000			600,000			1,200,000	
買 　 掛 　 金		1,760,000						1,760,000
借 　 入 　 金		2,000,000						2,000,000
資 　 本 　 金		3,000,000						3,000,000
繰越利益剰余金		1,074,000						1,074,000
売 　 　 　 上		12,120,000				12,120,000		
受 取 手 数 料		30,000				30,000		
仕 　 　 　 入	8,650,000		300,000	200,000	8,750,000			
給 　 　 　 料	884,000				884,000			
交 　 通 　 費	70,000				70,000			
通 　 信 　 費	14,000				14,000			
消 耗 品 費	47,000			9,000	38,000			
保 　 険 　 料	6,000			4,000	2,000			
支 払 家 賃	41,000		200,000		241,000			
支 払 利 息	66,000				66,000			
	19,987,000	19,987,000						
雑 　 　 　 益				1,000		1,000		
貸倒引当金繰入			4,000		4,000			
減 価 償 却 費			600,000		600,000			
消 　 耗 　 品			9,000				9,000	
前 払 保 険 料			4,000				4,000	
未 払 家 賃				200,000				200,000
当 期 純 利 益					1,482,000			1,482,000
			1,318,000	1,318,000	12,151,000	12,151,000	9,522,000	9,522,000

2．帳簿の締切

（1）総勘定元帳の締切

　決算整理手続によって総勘定元帳の金額修正が行われたら，総勘定元帳に損益勘定を開設して締切を行う。総勘定元帳の締切は，①収益・費用の勘定残高を損益勘定へ振り替える，②損益勘定の残高を繰越利益剰余金勘定へ振り替える，③資産・負債・純資産の勘定残高を次期へ繰り越す，という手順で行われる。

① 収益・費用の勘定残高を損益勘定へ振り替える

　総勘定元帳に損益勘定を開設したら，収益と費用の勘定残高を損益勘定に振り替える。この手続を決算振替手続といい，これによって損益勘定の借方には費用，貸方には収益の金額が記入されることになる。

【例題1】

　決算（決算日3月31日）にさいし，次の収益と費用の各勘定残高を損益勘定に振り替え，勘定の締切を行いなさい。

```
          売        上                      受 取 手 数 料
                        | 12,120                              |        30

          仕        入                      給        料
   8,750  |                            884  |

       貸倒引当金繰入                        減 価 償 却 費
       4  |                            600  |
```

（借）売　　　　　　　上	12,120	（貸）損　　　　　　益	12,150
受 取 手 数 料	30		
（借）損　　　　　　益	10,238	（貸）仕　　　　　入	8,750
		給　　　　料	884
		貸倒引当金繰入	4
		減 価 償 却 費	600

```
          売        上                      受 取 手 数 料
3/31 損  益 12,120  |        12,120   3/31 損  益  30  |              30

          仕        入                      給        料
          8,750  | 3/31 損  益  8,750           884  | 3/31 損  益  884
```

	貸倒引当金繰入			
	4	3/31 損	益	4

	減価償却費			
	600	3/31 損	益	600

	損		益	
3/31 仕 入	8,750	3/31 売 上	12,120	
〃 給 料	884	〃 受取手数料	30	
〃 貸倒引当金繰入	4			
〃 減価償却費	600			

② 損益勘定の残高を繰越利益剰余金勘定に振り替える

収益・費用の勘定残高の損益勘定への振替がすんだら，損益勘定の残高を繰越利益剰余金勘定に振り替える。このときの損益勘定は，借方合計が費用合計，貸方合計が収益合計となっており，貸借の差額として算出される残高は当期純利益となる。

【例題２】

決算（決算日3月31日）にさいし，次の損益勘定の残高を繰越利益剰余金勘定に振り替え，損益勘定を締め切りなさい。

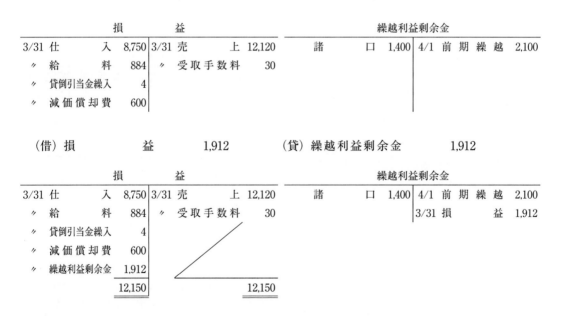

③ 資産・負債・純資産の勘定残高を次期に繰り越す

資産・負債・純資産の勘定については，その残高を摘要欄に「次期繰越」と記入して勘定を締め切る。

【例題3】

　　決算（決算日3月31日）にさいし，次の資産・負債・純資産の勘定を次期に繰り越す手続を行い，勘定を締め切りなさい。

現　　金				売　掛　金			
4/1 前 期 繰 越	900	諸　　　口	150	4/1 前 期 繰 越	620	諸　　　口	125
諸　　　口	540			諸　　　口	105		

備　　品				買　掛　金			
4/1 前 期 繰 越	2,400	諸　　　口	600	諸　　　口	750	4/1 前 期 繰 越	1,800
						諸　　　口	710

資　本　金				繰越利益剰余金			
		4/1 前 期 繰 越	5,000	諸　　　口	1,400	4/1 前 期 繰 越	2,100
						3/31 損　　益	1,912

現　　金				売　掛　金			
4/1 前 期 繰 越	900	諸　　　口	150	4/1 前 期 繰 越	620	諸　　　口	125
諸　　　口	540	3/31 次 期 繰 越	1,290	諸　　　口	105	3/31 次 期 繰 越	600
	1,440		1,440		725		725

備　　品				買　掛　金			
4/1 前 期 繰 越	2,400	諸　　　口	600	諸　　　口	750	4/1 前 期 繰 越	1,800
		3/31 次 期 繰 越	1,800	3/31 次 期 繰 越	1,760	諸　　　口	710
	2,400		2,400		2,510		2,510

資　本　金				繰越利益剰余金			
3/31 次 期 繰 越	5,000	4/1 前 期 繰 越	5,000	諸　　　口	1,400	4/1 前 期 繰 越	2,100
				3/31 次 期 繰 越	2,612	3/31 損　　益	1,912
					4,012		4,012

（2）仕訳帳の締切

　　仕訳帳は，決算手続に入る前にいちど締め切られ，貸借合計が一致しているかどうかを確認する。そして，決算手続にあたって，仕訳帳には決算整理手続の仕訳と決算振替仕訳が記入され，貸借合計が一致することを確認して締め切られる。

3．財務諸表の作成

　　すべての帳簿の締切を終えたら財務諸表を作成する。財務諸表の形式には勘定式と報告式があるが，ここでは勘定式の財務諸表について説明する。

（1）損益計算書

　損益計算書は，一定期間における企業の経営成績を明らかにしたもので，当該会計期間中に発生したすべての収益と費用が記載される。帳簿との関連でいえば，損益計算書は総勘定元帳の損益勘定に基づいて作成される。損益計算書の例は以下のとおりである。

損　益　計　算　書

小金井商事株式会社　　　×1年4月1日から×2年3月31日まで

費　用	金　額	収　益	金　額
売　上　原　価	3,275,000	売　上　高	4,754,000
給　料	415,000	受　取　手　数　料	42,000
支　払　家　賃	360,000	雑　益	84,000
貸　倒　引　当　金　繰　入	47,000		
減　価　償　却　費	75,000		
保　険　料	44,000		
広　告　費	240,000		
消　耗　品　費	145,000		
支　払　利　息	12,000		
法　人　税　等	50,400		
当　期　純　利　益	216,600		
	4,880,000		4,880,000

（2）貸借対照表

　貸借対照表は，一定時点における企業の財政状態を明らかにしたもので，期末に所有するすべての資産，負債，および純資産が記載される。帳簿との関連でいえば，貸借対照表は資産・負債・純資産の次期繰越高を一覧表にした繰越試算表に基づいて作成される。貸借対照表では流動性配列法によって資産と負債を記載していく。流動性配列法とは，流動性の高い順に資産と負債を配列していく方法である。そのため資産は流動資産，固定資産の順に，負債は流動負債，固定負債の順に配列される。貸借対照表の例は以下のとおりである。

貸　借　対　照　表

小金井商事株式会社　　　　　　　　　　×2年3月31日

資　　産		金　　額	負債および純資産		金　　額
現　　　　　　　金		301,000	買　　　　　掛　　　　　金		845,000
当　座　預　金		937,200	前　　　　　受　　　　　金		35,000
売　　掛　　金	1,450,000		借　　　　　入　　　　　金		600,000
貸 倒 引 当 金	58,000	1,392,000	未　　払　　費　　用		6,000
商　　　　　　　品		410,000	未 払 法 人 税 等		50,400
消　　耗　　品		22,000	資　　　　　本　　　　　金		1,000,000
未　　収　　収　　益		4,000	資　本　準　備　金		350,000
前　　払　　費　　用		72,000	繰 越 利 益 剰 余 金		476,800
備　　　　　　　品	450,000				
減価償却累計額	225,000	225,000			
		3,363,200			3,363,200

　貸借対照表では，売掛金は貸倒引当金をマイナスした回収可能見込額で表示する。減価償却を行う有形固定資産についても，減価償却累計額をマイナスした帳簿価額で表示する。なお，当期純利益は損益勘定から繰越利益剰余金勘定に振り替えられるので，繰越利益剰余金に含めて表示されることになり，独立した項目で表示されることはない。

【例題1】

　小平物産株式会社（会計期間は×1年4月1日から×2年3月31日までの1年間）の決算整理前残高試算表と決算整理事項は，次のとおりであった。損益計算書と貸借対照表を作成しなさい。

残　高　試　算　表

借　　方	金　　額	貸　　方	金　　額
現　　　　　　　金	171,000	買　　　　　掛　　　　　金	286,000
当　座　預　金	284,000	借　　　　　入　　　　　金	500,000
売　　　掛　　　金	965,000	貸 倒 引 当 金	4,000
仮 払 法 人 税 等	50,000	備品減価償却累計額	384,000
繰　越　商　品	878,000	資　　　　　本　　　　　金	1,000,000
貸　　　付　　　金	200,000	繰 越 利 益 剰 余 金	400,000
備　　　　　　　品	960,000	売　　　　　　　　　上	5,596,000
仕　　　　　　　入	2,698,000	受 取 手 数 料	85,000
給　　　　　　　料	1,020,000	受　取　利　息	62,000
支　払　家　賃	520,000		
保　　険　　料	320,000		
租　税　公　課	235,000		
支　払　利　息	16,000		
	8,317,000		8,317,000

決算整理事項

1．期末商品棚卸高は￥680,000 である。
2．売掛金の期末残高について 4％の貸倒引当金を差額補充法により設定する。
3．備品について定額法（耐用年数 5 年，残存価額ゼロ）により減価償却を行う。
4．購入時に費用処理した収入印紙の未使用高が￥28,000 あるため，貯蔵品勘定へ振り替える。
5．給料の未払高が￥26,000 ある。
6．決算整理前残高試算表の支払家賃は 13 カ月分であるため，1 カ月分を前払い計上する。
7．手数料の前受高が￥2,000 ある。
8．貸付金は当期の 2 月 1 日に期間 12 カ月，利率年 3％（利息は返済時に全額受け取り）の条件で貸し付けたものである。なお，利息の計算は月割りによること。
9．法人税等￥114,000 を計上する。なお，中間納付額を仮払法人税等勘定に計上している。

損　益　計　算　書

小平物産株式会社　　　×1 年 4 月 1 日から×2 年 3 月 31 日まで

費　　　用	金　　額	収　　　益	金　　額
（　　　　　　　　）		売　　上　　高	
給　　　　　料		受　取　手　数　料	
支　払　家　賃		受　取　利　息	
（　　　　　　　　）			
（　　　　　　　　）			
保　　険　　料			
租　税　公　課			
支　払　利　息			
法　人　税　等			
（　　　　　　　　）			

貸 借 対 照 表

小平物産株式会社　　　　　　　　　×2年3月31日

資　　　産	金　　額	負債および純資産	金　　額
現　　　　　　　　金		買　　　掛　　　金	
当　座　預　金		借　　　入　　　金	
売　掛　金（　　）		（　　　　　　　　）	
貸倒引当金（　　）		（　　　　　　　　）	
商　　　　　　　品		（　　　　　　　　）	
貸　　付　　金		資　　　本　　　金	
貯　　蔵　　品		繰越利益剰余金	
（　　　　　　）			
（　　　　　　）			
備　　品（　　）			
減価償却累計額（　　）			

決算整理仕訳

1．（借）仕　　　　　入　878,000　（貸）繰　越　商　品　878,000
　　（借）繰　越　商　品　680,000　（貸）仕　　　　　入　680,000
2．（借）貸倒引当金繰入　34,600　（貸）貸　倒　引　当　金　34,600
　　＊¥965,000 × 0.04 − ¥4,000 = ¥34,600
3．（借）減　価　償　却　費　192,000　（貸）備品減価償却累計額　192,000
　　＊$\frac{¥960,000 − ¥0}{5年}$ = ¥192,000
4．（借）貯　　蔵　　品　28,000　（貸）租　税　公　課　28,000
5．（借）給　　　　　料　26,000　（貸）未　払　給　料　26,000
6．（借）前　払　家　賃　40,000　（貸）支　払　家　賃　40,000
　　＊$\frac{¥520,000}{13カ月}$ = ×1カ月 = ¥40,000
7．（借）受　取　手　数　料　2,000　（貸）前　受　手　数　料　2,000
8．（借）未　収　利　息　1,000　（貸）受　取　利　息　1,000
　　＊¥200,000 × 0.03 × $\frac{2カ月}{12カ月}$ = ¥1,000
9．（借）法　人　税　等　114,000　（貸）仮払法人税等　50,000
　　　　　　　　　　　　　　　　　　　　未払法人税等　64,000

損　益　計　算　書

小平物産株式会社　　×1年4月1日から×2年3月31日まで

費　　用	金　　額	収　　益	金　　額
（売　上　原　価）	2,896,000	売　　上　　高	5,596,000
給　　　　料	1,046,000	受　取　手　数　料	83,000
支　払　家　賃	480,000	受　取　利　息	63,000
（貸倒引当金繰入）	34,600		
（減　価　償　却　費）	192,000		
保　　険　　料	320,000		
租　税　公　課	207,000		
支　払　利　息	16,000		
法　人　税　等	114,000		
（当　期　純　利　益）	436,400		
	5,742,000		5,742,000

貸　借　対　照　表

小平物産株式会社　　　　　　×2年3月31日

資　　産	金　　額	負債および純資産	金　　額
現　　　　金	171,000	買　　掛　　金	286,000
当　座　預　金	284,000	借　　入　　金	500,000
売　掛　金　（965,000）		（未　払　給　料）	26,000
貸倒引当金　（38,600）	926,400	（前　受　手　数　料）	2,000
商　　　　品	680,000	（未　払　法　人　税　等）	64,000
貸　　付　　金	200,000	資　　本　　金	1,000,000
貯　　蔵　　品	28,000	繰　越　利　益　剰　余　金	836,400
（前　払　家　賃）	40,000		
（未　収　利　息）	1,000		
備　　　　品　（960,000）			
減価償却累計額　（576,000）	384,000		
	2,714,400		2,714,400

問題1

　　次の決算にあたって修正すべき事項（決算整理事項）に基づいて，（株）花小金井商事（会計期間は×1年4月1日～×2年3月31日）の精算表を完成しなさい。

決算にあたって修正すべき事項

1．期末商品棚卸高　￥587,000
2．貸　倒　引　当　金　売掛金について残高の3.0%の貸倒れを見積る。差額補充法により処理する。
3．備　品　減　価　償　却　定額法により減価償却費の計算を行い，直接法により記帳する。
　　なお，備品の取得原価は￥3,000,000であり，耐用年数は5年，残存価額は0と見積もられている。

4．現金過不足の残高は原因不明につき，雑損として処理する。

5．消耗品の未使用高　¥50,000

6．家　賃　の　前　払　高　¥68,000

7．利　息　の　未　払　高　¥42,000

精　算　表

勘定科目	残高試算表		整理記入		損益計算書		貸借対照表	
	借　方	貸　方	借　方	貸　方	借　方	貸　方	借　方	貸　方
現　　　　　金	368,000							
現 金 過 不 足	15,000							
当 座 預 金	767,000							
売 　掛 　金	620,000							
貸 倒 引 当 金		8,000						
繰 越 商 品	555,000							
貸 　付 　金	700,000							
備 　　　品	3,000,000							
買 　掛 　金		424,000						
借 　入 　金		1,000,000						
資 　本 　金		3,000,000						
繰越利益剰余金		300,000						
売 　　　上		10,850,000						
受 取 手 数 料		60,000						
仕 　　　入	6,582,000							
給 　　　料	1,685,000							
交 　通 　費	159,000							
通 　信 　費	168,000							
消 耗 品 費	223,000							
支 払 家 賃	514,000							
租 税 公 課	146,000							
支 払 利 息	140,000							
	15,642,000	15,642,000						
雑 　　　損								
貸倒引当金繰入								
減 価 償 却 費								
消 　耗 　品								
前 払 家 賃								
未 払 利 息								
当 期 純 利 益								

決算整理仕訳

1．（借）仕　　　　　　入　　　555,000　　（貸）繰　越　商　品　　　555,000

　　（借）繰　越　商　品　　587,000　　（貸）仕　　　　　　入　　　587,000

2．（借）貸 倒 引 当 金 繰 入　　　10,600　　　　（貸）貸 倒 引 当 金　　　10,600

　　　　＊ ¥620,000 × 0.03 － ¥8,000 ＝ ¥10,600

3．（借）減 価 償 却 費　　　600,000　　　　（貸）備　　　　　品　　　600,000

　　　　＊ $\dfrac{¥3,000,000 － ¥0}{5\,年}$ ＝ ¥600,000

4．（借）雑　　　　　損　　　15,000　　　　（貸）現 金 過 不 足　　　15,000

5．（借）消　耗　　品　　　50,000　　　　（貸）消 耗 品 費　　　50,000

6．（借）前 払 家 賃　　　68,000　　　　（貸）支 払 家 賃　　　68,000

7．（借）支 払 利 息　　　42,000　　　　（貸）未 払 利 息　　　42,000

精　算　表

勘定科目	残高試算表		整理記入		損益計算書		貸借対照表	
	借　方	貸　方	借　方	貸　方	借　方	貸　方	借　方	貸　方
現　　　　　金	368,000						368,000	
現 金 過 不 足	15,000			15,000				
当 座 預 金	767,000						767,000	
売 　 掛 　 金	620,000						620,000	
貸 倒 引 当 金		8,000		10,600				18,600
繰 越 商 品	555,000		587,000	555,000			587,000	
貸 　 付 　 金	700,000						700,000	
備 　 　 　 品	3,000,000			600,000			2,400,000	
買 　 掛 　 金		424,000						424,000
借 　 入 　 金		1,000,000						1,000,000
資 　 本 　 金		3,000,000						3,000,000
繰越利益剰余金		300,000						300,000
売 　 　 　 上		10,850,000				10,850,000		
受 取 手 数 料		60,000				60,000		
仕 　 　 　 入	6,582,000		555,000	587,000	6,550,000			
給 　 　 　 料	1,685,000				1,685,000			
交 　 通 　 費	159,000				159,000			
通 　 信 　 費	168,000				168,000			
消 耗 品 費	223,000			50,000	173,000			
支 払 家 賃	514,000			68,000	446,000			
租 税 公 課	146,000				146,000			
支 払 利 息	140,000		42,000		182,000			
	15,642,000	15,642,000						
雑 　 　 　 損			15,000		15,000			
貸倒引当金繰入			10,600		10,600			
減 価 償 却 費			600,000		600,000			
消 　 耗 　 品			50,000				50,000	
前 払 家 賃			68,000				68,000	
未 払 利 息				42,000				42,000
当 期 純 利 益					775,400			775,400
			1,927,600	1,927,600	10,910,000	10,910,000	5,560,000	5,560,000

第15章

伝票会計・試算表

1．伝票会計制度

　伝票とは取引の内容を記載した紙片である。もともと伝票は取引の内容を企業内の他の部署に伝達し，記帳のための基礎資料とするために用いられてきた。しかし，今日では仕訳帳の代わりとして伝票を用いることが多い。この場合，取引はまず伝票に記入され（これを起票という），伝票から仕訳日計表の作成を経て総勘定元帳に転記される。また，掛取引が行われた場合も，伝票から直接，得意先（売掛金）元帳と仕入先（買掛金）元帳に転記される。このように伝票に仕訳帳としての機能をもたせて記帳を行う会計システムを伝票会計制度といい，その記帳プロセスは以下の図で表される。

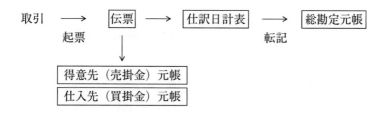

2．3伝票制

　企業で行われる取引を入金伝票，出金伝票，および振替伝票の3種類の伝票を用いて記帳する形態を3伝票制という。

（1）入金伝票

　入金伝票は入金取引を記入する伝票である。入金取引では現金が増加するので，仕訳をすると借方の勘定科目が必ず「現金」となる。そこで入金伝票の科目欄には貸方の勘定科目だけを記入する。

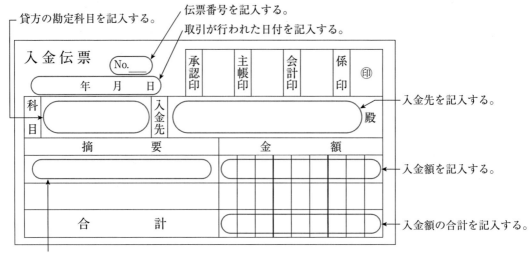

【例題1】

次の取引を入金伝票に起票しなさい。

×1年2月5日　東村山商店にA商品50個を@¥1,000で販売し, 代金は現金で受け取った。(伝票番号 No.3)

（借）現　　　　金　　50,000　　　　（貸）売　　　　上　　　50,000

入金伝票　No. 3 ×1年2月5日	承認印	主帳印	会計印	係印	印
科目　売　　上　入金先		東村山商店　　　殿			

摘　　　要	金			額		
A商品50個@¥1,000を売り上げ		5	0	0	0	0
合　　　計		5	0	0	0	0

（2）出金伝票

出金伝票は出金取引を記入する伝票である。出金取引では現金が減少するので, 仕訳をすると貸方の勘定科目が必ず「現金」となる。そこで出金伝票の科目欄には借方の勘定科目だけを記入する。

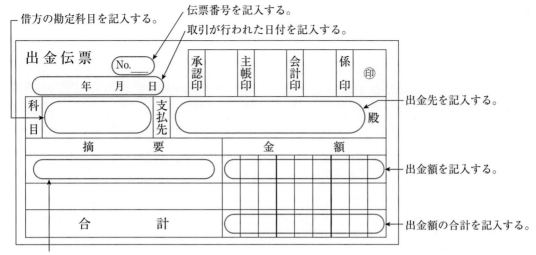

借方の勘定科目を記入する。

伝票番号を記入する。

取引が行われた日付を記入する。

出金先を記入する。

出金額を記入する。

出金額の合計を記入する。

取引の簡単な内容を記入する。

【例題2】

次の取引を出金伝票に起票しなさい。

×1年2月8日　現金¥100,000 を嘉悦銀行の普通預金口座に預け入れた。(伝票番号 No.8)

(借) 普 通 預 金　　100,000　　　　　(貸) 現　　　　　金　　100,000

出 金 伝 票　No. 8 ×1年2月8日		承認印		主帳印		会計印		係印		印
科目	普通預金	支払先		嘉悦銀行					殿	
摘　　要			金　　　額							
嘉悦銀行の普通預金口座に預け入れ				1	0	0	0	0	0	
合　　　計				1	0	0	0	0	0	

(3) 振替伝票

　振替伝票は振替取引を記入する伝票である。振替取引とは入金取引と出金取引以外の取引をいい，現金収支を伴わない取引である。振替伝票の記入は仕訳と同様に借方科目欄には借方の勘定科目，貸方科目欄には貸方の勘定科目を記入する。

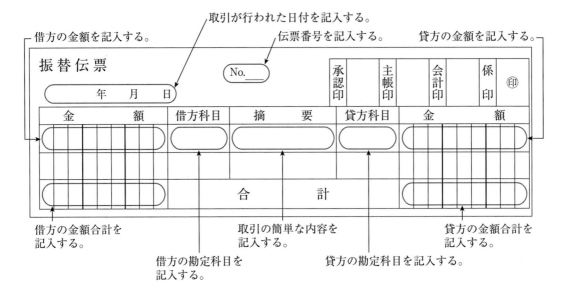

借方の金額を記入する。　　　　　　　　　　取引が行われた日付を記入する。

伝票番号を記入する。　　　　　　貸方の金額を記入する。

借方の金額合計を記入する。　　　取引の簡単な内容を記入する。　　　貸方の金額合計を記入する。

借方の勘定科目を記入する。　　　貸方の勘定科目を記入する。

【例題3】

　次の取引を振替伝票に起票しなさい。

　×1年2月10日　田無商店からB商品20個を@¥600で仕入れ，代金は掛けとした。（伝票No.12）

　（借）仕　　　　入　　　12,000　　　　（貸）買　掛　金　　　12,000

振替伝票			No. 12		承認印		主帳印		会計印		係印		印
×1年2月10日													

金　　額	借方科目	摘　　要	貸方科目	金　　額
1 2 0 0 0	仕　入	B商品20個を 田無商店から掛仕入	買掛金	1 2 0 0 0
1 2 0 0 0		合　　計		1 2 0 0 0

3．伝票から元帳への転記

　伝票から総勘定元帳，得意先（売掛金）元帳，および仕入先（買掛金）元帳への転記は，仕訳帳からの転記と同様である。ただし，元帳の仕丁欄には伝票番号を記入する。

【例題1】

　次の各種伝票を各元帳の勘定口座に転記しなさい。

入　金　伝　票　No.3 ×1年2月5日	承認印	主帳印	会計印	係印	印
科目　売　　上　入金先	東村山商店				殿

摘　　　　要	金　　　　　額
A商品50個@¥1,000を売り上げ	5 0 0 0 0
合　　　　計	5 0 0 0 0

出　金　伝　票　No.8 ×1年2月8日	承認印	主帳印	会計印	係印	印
科目　普通預金　支払先	嘉悦銀行				殿

摘　　　　要	金　　　　　額
嘉悦銀行の普通預金口座に預け入れ	1 0 0 0 0 0
合　　　　計	1 0 0 0 0 0

振替伝票　No.12 ×1年2月10日	承認印	主帳印	会計印	係印	印

金　　額	借方科目	摘　　　要	貸方科目	金　　額
1 2 0 0 0	仕　　入	B商品20個を田無商店から掛仕入	買　掛　金	1 2 0 0 0
1 2 0 0 0		合　　　　計		1 2 0 0 0

<u>総 勘 定 元 帳</u>

現 金

2/5	売 上 <3>	50,000	2/8	普 通 預 金 <8>	100,000

普 通 預 金

2/8	現 金 <8>	100,000	

買 掛 金

		2/10	仕 入 <12>	12,000

売 上

		2/5	現 金 <3>	50,000

仕 入

2/10	買 掛 金 <12>	12,000	

<u>仕入先（買掛金）元帳</u>

田 無 商 店

		2/10	仕 入 <12>	12,000

4．仕訳集計表

　仕訳集計表は試算表の一種で，1日に作成した伝票の金額を勘定科目ごとに集計した一覧表であり，仕訳日計表ともいう。仕訳集計表を作成する場合，総勘定元帳への転記は仕訳集計表から行われる。1日に行われる取引が多く，伝票をたくさん作成する場合は，伝票から元帳に個別転記するよりも，仕訳集計表から合計転記したほうが合理的である。また，仕訳集計表を作成することにより，伝票の記入内容と集計金額の誤りをチェックすることができる。

【例題1】

　2月1日の次の取引を略式伝票（3伝票制）に記入して，仕訳集計表（日計表）を作成するとともに，示された総勘定元帳および得意先元帳へ転記しなさい。なお，仕訳集計表の元丁欄，総勘定元帳および得意先元帳の仕丁欄は省略している。

2月1日　国分寺商店から商品¥200,000を仕入れ，代金のうち¥50,000は現金で支払い，残額は掛けとした。なお，いったん全額を掛け取引として処理する方法によること。

　〃　　立川商店に商品¥250,000を販売し，代金として先方振り出しの約束手形を受け取った。

　〃　　日野商店に対する売掛金のうち¥80,000を現金で回収した。

　〃　　先日，八王子商店に掛けで売り渡していた商品のうち一部に品違いがあり，¥10,000分の商品が返品され，代金は売掛金から差し引くことにした。

入 金 伝 票	
科　目	金　額
(　　　　　)	(　　　　　)

出 金 伝 票	
科　目	金　額
(　　　　　)	(　　　　　)

振 替 伝 票		振 替 伝 票	
科　目	金　額	科　目	金　額
(　　　)	(　　　)	(　　　)	(　　　)

振 替 伝 票		振 替 伝 票	
科　目	金　額	科　目	金　額
(　　　)	(　　　)	(　　　)	(　　　)

振 替 伝 票		振 替 伝 票	
科　目	金　額	科　目	金　額
(　　　)	(　　　)	(　　　)	(　　　)

仕 訳 集 計 表
×1年2月1日

借　方	勘 定 科 目	貸　方
	現　　　金	
	受 取 手 形	
	売 　掛　 金	
	買 　掛　 金	
	売　　　上	
	仕　　　入	

総 勘 定 元 帳
売 　掛　 金

日付	摘　要	借方金額	日付	摘　要	貸方金額
2/1	前 月 繰 越	300,000			

売　　　上

日付	摘　要	借方金額	日付	摘　要	貸方金額

得 意 先 元 帳
日 野 商 店

日付	摘　要	借方金額	日付	摘　要	貸方金額
2/1	前 月 繰 越	90,000			

八 王 子 商 店

日付	摘　　要	借方金額	日付	摘　　要	貸方金額
2/1	前 月 繰 越	210,000			

2月1日の取引の仕訳

(借)仕　　　　入	200,000	(貸)買　掛　金	200,000	→	振替伝票
(借)買　掛　金	50,000	(貸)現　　　　金	50,000	→	出金伝票
(借)受 取 手 形	250,000	(貸)売　　　　上	250,000	→	振替伝票
(借)現　　　　金	80,000	(貸)売　掛　金	80,000	→	入金伝票
(借)売　　　　上	10,000	(貸)売　掛　金	10,000	→	振替伝票

入 金 伝 票

科　　目	金　　額
(売掛金／日野商店)	（ 80,000）

出 金 伝 票

科　　目	金　　額
(買掛金／国分寺商店)	（ 50,000）

振 替 伝 票

科　　目	金　　額
(仕　　　　入)	(200,000)

振 替 伝 票

科　　目	金　　額
(買掛金／国分寺商店)	(200,000)

振 替 伝 票

科　　目	金　　額
(受 取 手 形)	(250,000)

振 替 伝 票

科　　目	金　　額
(売　　　　上)	(250,000)

振 替 伝 票

科　　目	金　　額
(売　　　　上)	（ 10,000）

振 替 伝 票

科　　目	金　　額
(売掛金／八王子商店)	（ 10,000）

仕 訳 集 計 表

×1年2月1日

借　　方	勘 定 科 目	貸　　方
80,000	現　　　　金	50,000
250,000	受 取 手 形	
	売　掛　金	90,000
50,000	買　掛　金	200,000
10,000	売　　　　上	250,000
200,000	仕　　　　入	
590,000		590,000

総 勘 定 元 帳
売 掛 金

日付	摘 要	借方金額	日付	摘 要	貸方金額
2/1	前 月 繰 越	300,000	2/1	仕 訳 集 計 表	90,000

売 上

日付	摘 要	借方金額	日付	摘 要	貸方金額
2/1	仕 訳 集 計 表	10,000	2/1	仕 訳 集 計 表	250,000

得 意 先 元 帳
日 野 商 店

日付	摘 要	借方金額	日付	摘 要	貸方金額
2/1	前 月 繰 越	90,000	2/1	入 金 伝 票	80,000

八 王 子 商 店

日付	摘 要	借方金額	日付	摘 要	貸方金額
2/1	前 月 繰 越	210,000	2/1	振 替 伝 票	10,000

問題 1

次の各種伝票の記入を解答用紙の各勘定口座（Ｔフォーム）の空欄に転記しなさい。なお，口座の（ ）には相手勘定，［ ］には金額を記入すること。

入 金 伝 票 No. 15
×1年5月10日

承認印　主帳印　会計印　係印　㊞

科目	売 掛 金	入金先	東伏見商店 殿

摘 要	金 額
売掛金の回収	8 0 0 0 0
合 計	8 0 0 0 0

出 金 伝 票　No. 23 ×1年5月18日	承認印	主帳印	会計印	係印	㊞

科目	仕　入	支払先	井荻商店						殿

摘　　要	金　　額
井荻商店より商品の仕入れ	1 5 0 0 0 0
合　　計	1 5 0 0 0 0

振 替 伝 票　No. 25 ×1年5月20日	承認印	主帳印	会計印	係印	㊞

金　　額	借方科目	摘　　要	貸方科目	金　　額
5 0 0 0 0	買掛金	買掛金の支払い（小切手振出し）	当座預金	5 0 0 0 0
5 0 0 0 0		合　　計		5 0 0 0 0

＜　＞の番号は伝票の No. を示す。

現　　金

5/10	（　　　　）	<15>	［　　　　］	5/18	（　　　　）	<23>	［　　　　］

当 座 預 金

				5/20	（　　　　）	<25>	［　　　　］

売 掛 金

				5/18	（　　　　）	<15>	［　　　　］

買 掛 金

5/20	（　　　　）	<25>	［　　　　］				

仕　　入

5/18	（　　　　）	<23>	［　　　　］				

入金伝票の仕訳

（借）現　　　　　金　　80,000　　（貸）売　　掛　　金　　80,000

出金伝票の仕訳

（借）仕　　　　　入　　150,000　　（貸）現　　　　　金　　150,000

振替伝票の仕訳

（借）買　　掛　　金　　50,000　　（貸）当　座　預　金　　50,000

現　　　　　金

5/10　（売　掛　金）　<15>　［　80,000］	5/18　（仕　　　　　入）　<23>　［　150,000］

当　座　預　金

	5/20　（買　掛　金）　<25>　［　50,000］

売　　掛　　金

	5/10　（現　　　　　金）　<15>　［　80,000］

買　　掛　　金

5/20　（当　座　預　金）　<25>　［　50,000］	

仕　　　　　入

5/18　（現　　　　　金）　<23>　［　150,000］	

第2編　2級範囲

第 1 章

商品売買

1．割戻しの処理

　商品を一定量以上購入することによって，受ける値引きを「割戻し」という。たとえば，1着￥2,000のTシャツを3着購入すると，1枚当たり￥200の割引を受け￥5,400で購入できたり，通常の買物時でも，まとめ買いすると安くなることがある。それと同じ発想である。

【例題1】

　当店はA店から商品を掛けで仕入れているが，今月は仕入が￥1,000,000となったので，これに対して6%の割戻しを受けた。

　当店（借）買　　　掛　　　金　　60,000　　　（貸）仕　　　　　入　　60,000

　A店（借）売　　　　　上　　60,000　　　（貸）売　　掛　　金　　60,000

2．売上原価対立法

　「売上原価対立法」商品売買を「商品」「売上」「売上原価」の3つの勘定科目で仕訳する記帳方法である。

【例題1】

　①　A商品￥10,000を仕入れ，代金は現金で支払った。
　②　￥10,000で仕入れたA商品のうち，￥4,000分を￥6,000で販売した。
　③　A商品が②の後，￥1,000分（売価￥1,500）返品された。

　①　仕入時
　　商品を仕入れた場合には，商品原価（仕入れたときの金額）を「商品」勘定で処理する。
　（借）商　　　　　品　　10,000　　　（貸）現　　　　　金　　10,000

② 売上時

商品を売り上げた場合には，商品の売価を「売上」勘定で処理します。売上勘定は収益に属する勘定科目ですので，貸方に記入する。販売した分の商品原価を「商品」勘定の貸方から「売上原価」勘定の借方へ振り替える。

(借)	現 金	6,000	(貸)	売 上	6,000
	売 上 原 価	4,000		商 品	4,000

※売上原価対立法では，商品勘定が期末商品，売上原価勘定が売上原価になるため，三分法で行うような決算整理仕訳（第13章）は必要ない。

③ 返品時

商品原価と売上の両方について，逆仕訳をして売り上げが無かった様に返品処理を行う。

(借)	売 上	1,500	(貸)	現 金	1,500
	商 品	1,000		売 上 原 価	1,000

問題1

次の問いに従い仕訳を行いなさい。商品売買取引は三分法による。

① 得意先千葉商店に商品¥100,000を売り上げ，代金のうち¥40,000は現金で受け取り，残額は掛けとした。

② 青森商店から商品¥50,000を仕入れ，代金は掛けとした。

③ 千葉商店に売り上げた①の商品のうち，品違いのため¥20,000が返品され，掛代金より差し引かれた。

④ 青森商店から仕入れた④の商品のうち，破損の激しい¥10,000を返品した。

⑤ かねて売掛金処理していた千葉商店の¥40,000が当座預金に振り込まれたので，必要な処理を行う。

⑥ 商品¥30,000を売上げ，代金はクレジット払いとした。なお，信販会社に対する手数料（代金の2%）は，販売時に計上する。

⑦ ⑥の代金を現金で回収した。

① (借)	現 金	40,000	(貸)	売 上	100,000
	売 掛 金	60,000			
② (借)	仕 入	50,000	(貸)	買 掛 金	50,000
③ (借)	売 上	20,000	(貸)	売 掛 金	20,000
④ (借)	買 掛 金	10,000	(貸)	仕 入	10,000
⑤ (借)	当 座 預 金	40,000	(貸)	売 掛 金	40,000
⑥ (借)	クレジット売掛金	29,400	(貸)	売 上	30,000
	支 払 手 数 料	600			
⑦ (借)	現 金	29,400	(貸)	クレジット売掛金	29,400

第2章

手形等の処理

１．手形の割引き・裏書き

（１）手形の裏書譲渡

　手形の所有者は，手許にある受取手形を満期日（手形代金の支払期日）が到来する前に，仕入代金等の債務の支払いに充てることができる。その際，手形の所有者（手形債権者）は，手形の裏面に署名または記名・押印をして，第三者に受取手形を譲渡することになるので，このことを「手形の裏書譲渡」という。

【例題１】

　　仕入先A商店への掛代金の支払いとして，手許に保管している得意先B商店振り出し，当店あての約束手形¥20,000を裏書譲渡した。

　　所有している手形を相手に譲渡したときに，「受取手形」勘定の減少として処理する。

（借）買　　　掛　　　金　　　20,000　　　（貸）受　取　手　形　　　20,000

【例題２】

　　当店が仕入先Aに裏書譲渡した約束手形¥20,000の満期日が到来した。

仕　訳　な　し

【例題３】

　　商品¥20,000を売り上げ，代金は得意先Bあての約束手形を裏書譲渡され，受け取った。

　　第三者から債権の回収として，手形を譲り受けた時は，「受取手形」勘定の増加として処理する。

（借）受　取　手　形　　　20,000　　　（貸）売　　　　　上　　　20,000

（2）手形の割引

　　手形の割引とは，銀行等に一定の手数料や利息（割引料という）を支払う代わりに，手形を買い取ってもらう取引をいう。手形の所有者は，手形を割り引くことで，手形の満期日（手形代金の支払期日）が到来する前に手形代金を手に入れることができる。

【例題4】

　　さきに受け取っていた金子商店振り出しの約束手形￥20,000を，取引銀行で割り引き，割引料￥200を差し引かれ，手取金が当座預金に振り込まれた。

（借）当 座 預 金　　　19,800　　　（貸）受 取 手 形　　　20,000
　　　手 形 売 却 損　　　　200

　　所有している手形を銀行で割り引いたときは，「受取手形」勘定の減少として処理する。
　　割引料は「手形売却損」勘定で処理し，当期の費用として計上し，残額を「当座預金」勘定の増加として処理する。

【例題5】

　　取引銀行で割り引いた約束手形￥20,000の満期日が到来した。

仕 訳 な し

2．手形の更改

　　手形代金は満期日前に支払われるが，支払人の依頼により，期日を延長することがある。期日延長した新しい手形を振り出し，もともとの旧手形と交換することを手形の更改という。手形の更改のポイントは，支払期日延長に伴う利息の支払方法として，①現金払いの場合，②新手形の額面に含める方法の2種類の処理があることである。

【例題1】

　　かねて金子商店へ振り出した約束手形￥50,000について，同社へ支払期日の延期を依頼し，新手形を振り出した。
　　支払期日延長に伴う利息は￥1,000である。

①　現金払いの場合
（借）支 払 手 形　　　50,000　　　（貸）支 払 手 形　　　50,000
　　　 旧手形 　　　　　　　　　　　　　　 新手形
　　　支 払 利 息　　　 1,000　　　　　　現 　 　 金　　　 1,000

② 新手形の額面に含める方法

（借）支　払　手　形	50,000	（貸）支　払　手　形	51,000

旧手形　　　　　　　　　　　　　新手形

支　払　利　息　　　1,000

3．手形の不渡り

手形の満期日に，取引先に支払い請求をしたにもかかわらず，手形代金が支払われないことを手形の不渡りという。手形が不渡りになった場合，支払人に対して，改めて代金を請求することになるが，これを償還請求という。

【例題1】

得意先であるA社から受け取ったA社振り出しの約束手形¥100,000が不渡りとなり，A社に対して償還請求を行った。償還請求に要した費用¥500を現金で支払った。

① 不渡時

（借）不　渡　手　形	100,500	（貸）現　　　　　金	500
		受　取　手　形	100,000

受け取っていた手形が不渡りとなった場合には，受取手形を不渡手形（資産）に振り替える。償還請求に発生した費用は，不渡手形の額面に含める。

【例題2】

得意先のB社が倒産し，同店に対する不渡手形¥200,000が回収不能となった。よって，当該不渡手形を貸倒れ処理する。貸倒引当金は¥50,000残高がある。

② 不渡手形の貸倒れ

（借）貸　倒　引　当　金	50,000	（貸）不　渡　手　形	200,000
貸　倒　損　失	150,000		

【例題3】

不渡手形として処理していたA社の¥100,500が回収不能となった。満期日以降の法定利息¥5,000とともに当座預金口座に振込みがあった。

③ 不渡手形の回収

（借）当　座　預　金	105,500	（貸）不　渡　手　形	100,500
		受　取　利　息	5,000

4．手形記入帳

（1）受取手形記入帳

　受取手形に関する取引明細について，手形取引の記録を行うために補助簿としての「受取手形記入帳」が設けられる。

受取手形記入帳

×1年		摘　　要	金　　額	手形種類	手形番号	支払人	振出人または裏書人	振出日		支払期日		支払場所	てん末		
													月	日	摘　　要
8	2	売　　上	300,000	約手	100	P商店	R商店	8	5	2	5	X銀行	1	20	裏書譲渡
	15	売　掛　金	200,000	約手	103	Q商店	S商店	8	15	2	15	Z銀行	1	31	割引

　　※「てん末」欄には，手形の減少となる取引を記入する。たとえば，手形の期日決済や割引，裏
　　　書譲渡等がある。

（2）支払手形記入帳

　支払手形記入帳は，支払手形に関する取引の明細を記録するための補助簿である。

支払手形記入帳

×1年		摘　　要	金　　額	手形種類	手形番号	受取人	振出人	振出日		支払期日		支払場所	てん末		
													月	日	摘　　要
7	1	仕　　入	200,000	約手	1	C商店	D商店	7	1	9	1	Z銀行	9	1	小切手

第3章

売買目的有価証券の評価替え

　売買目的有価証券は，短期間の価格変動により利益を得ることを目的として保有されている。売買目的有価証券の価値を財務諸表に反映させるため，期末時点で時価評価し，時価をもって貸借対照表価額とする。このような手続きを有価証券の評価替えという。

　有価証券の時価と帳簿価額の差額は有価証券評価損（費用）あるいは有価証券評価益（収益）で処理する。

「時価－帳簿価額」の額が		勘定科目	項目
プラスになる場合	⇒	有価証券評価益	収益
マイナスになる場合	⇒	有価証券評価損	費用

【例題1】

　売買目的で保有しているA社株式の時価は¥400,000であった。当該株式の帳簿価額は¥500,000である。

（借）**有価証券評価損**　　　　100,000　　　　（貸）売買目的有価証券　　　100,000
　　　時価 400,000 － 帳簿価額 500,000 ＝△ 100,000 ⇒ 評価損

【例題2】

　売買目的で保有しているA社株式の時価は¥800,000であった。当該株式の帳簿価額は¥200,000である。

（借）売買目的有価証券　　　600,000　　　　（貸）**有価証券評価益**　　　600,000
　　　時価 800,000 － 帳簿価額 200,000 ＝ ＋ 600,000 ⇒ 評価益

第**4**章

固定資産

1．固定資産の処理

　固定資産の取得・売却・減価償却の計算方法は，すでに学習済である。
　詳しくは，第11章を参照してほしい。

2．建設時の処理

　建物を購入する場合，すでに完成しているものを購入する場合と，これから建設工事を開始し，完成後に購入する場合がある。建物を建設する場合には，完成までに一定期間が必要なので，工事の進み具合に合わせて代金を支払う。この時に用いるのが建設仮勘定（資産）である。

① 契約締結時
【例題1】
　×1年4月1日に建物の建設のため，建設会社と¥10,000,000で契約し，工事開始に際し，建物代金の一部¥200,000を現金で支払った。

　（借）建 設 仮 勘 定　　200,000　　　　（貸）現　　　　　金　　200,000

② 完成時
【例題2】
　×2年1月20日に建物¥1,000,000が完成し，引渡しと同時に建物の使用を開始した。工事開始時に支払った金額¥200,000を差し引いた残額について，小切手を振り出した。

　（借）建　　　　　物　　1,000,000　　　（貸）建 設 仮 勘 定　　200,000
　　　　　　　　　　　　　　　　　　　　　　当 座 預 金　　800,000

3．期中売却

　有形固定資産の売却については，すでに学習したが，今回は期中で売却した場合の会計処理を学習する。有形固定資産を期中で売却した場合は，売却日までの期間に対応する減

価償却費を計算し，売却時に月単位で計上する。

【例題 1】

　×1年 11 月 1 日に取得した備品（取得原価：¥120,000，残存価額：ゼロ，耐用年数：8 年，定額法により償却，間接法により記帳）が不用になったので，×5年 5 月 31 日に¥40,000 で売却し，代金については翌月末に受け取ることにした。なお，決算日は 12 月 31 日とし，当期首から売却時点までの減価償却費は月割りで計算すること。

　有形固定資産を期中に売却した場合，売却時の帳簿価額は，以下のとおりとなる。

　　売却時の帳簿価額＝取得原価－期首減価償却累計額－減価償却費（期首〜売却まで）

　≪当期首の減価償却累計額の算定（＊1）≫

	減価償却費	計算方法
×1年 11.1 〜×1年 12.31	2,500	取得価額¥120,000 ÷耐用年数 8 年×2 カ月／12 カ月
×2年 1.1 〜×2年 12.31	15,000	取得価額¥120,000 ÷耐用年数 8 年
×3年 1.1 〜×3年 12.31	15,000	取得価額¥120,000 ÷耐用年数 8 年
×4年 1.1 〜×4年 12.31	15,000	取得価額¥120,000 ÷耐用年数 8 年
∴ 期首減価償却累計額	47,500	

　また，売却価額¥40,000 と売却時の帳簿価額¥66,250（＝取得価額¥120,000 －期首減価償却累計額¥47,500 －当期減価償却費¥6,250）の差額は△¥26,250 となるので，「固定資産売却損」勘定（費用）で処理する。

（借）備品減価償却累計額　　47,500（＊1）　　　（貸）備　　　　　品　　120,000
　　　減 価 償 却 費　　　6,250（＊2）
　　　未　収　金　　40,000
　　　固定資産売却損　　26,250（＊3）

　　（＊2）当期の減価償却費¥6,250 ＝取得価額¥120,000 ÷耐用年数 8 年×5 カ月／12 カ月
　　（＊3）貸借差額

4．投資不動産
　投資不動産は，賃貸収益の獲得や値上がり益を目的として保有する資産である。会社が自分で使用する有形固定資産や販売目的で所有する商品としての資産を除く。

【例題 1】

　①　×1年 4 月 1 日に，投資を目的とするビル¥2,000,000 を小切手を支払い購入した。
　②　投資目的で所有しているビルを沖縄株式会社に賃貸し，賃貸料¥100,000 が当座預金に振り

込まれた。

③ ×2年3月31日，決算につき，定額法（耐用年数20年，残存価額ゼロ）で減価償却を行う。

①	（借）投 資 不 動 産	2,000,000	（貸）当 座 預 金	2,000,000
②	（借）当 座 預 金	100,000	（貸）受 取 家 賃	100,000
③	（借）減 価 償 却 費	100,000	（貸）投資不動産減価償却累計額	100,000

投資不動産の場合は，時価変動をそのまま損益に算入しない。

第5章

引当金

1. 貸倒引当金

貸倒れとは，得意先に対する売掛金，受取手形等が，回収不能になる状態をいう。

＜会計処理のポイント＞

① 貸倒引出金の見積り

   ➡ 貸倒引当金繰入（費用）

② 当期の売掛金・受取手形に貸倒れが生じた場合

③ 貸倒金額が貸倒引当金残高を超えた場合

   ➡ 貸倒損失勘定（費用）で処理する。

2. その他の引当金

（1）賞与引当金

賞与引当金とは，賞与規定に基づき，従業員に対して支給する賞与のうち，当期分の見積額について設定する引当金のことをいう。

たとえば，1月から6月分のボーナスを6月に支給する場合，3月決算では1月から3月分のボーナスを当期に引き当てる。賞与の支給期間が規定されている場合，翌期以降の最も近い時期に支給される賞与の見込額のうち，当期に含まれる支給期間に対応する額を引当金として計上することになる。

（2）賞与引当金の設定

賞与引当金設定時のポイントは，翌期以降，最も近い時期の賞与支払額のうち，当期に発生したものは賞与引当金繰入（費用）として処理し，相手科目を賞与引当金（負債）として計上する。

【例題1】

当社は夏と冬の年2回ボーナスを支給しており，その支給日はそれぞれ6月10日（12月1日〜5月31日までのボーナス），12月10日（6月1日〜11月30までのボーナス）である。6月10日の支給

予定額が¥3,600とされている場合，3月決算時に行う仕訳を答えなさい。

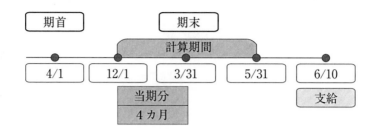

（借）賞与引当金繰入　　　　2,400　　　　（貸）賞　与　引　当　金　　　　2,400
　　　3,600 × 4（12月〜3月）／6（12月〜5月）= 2,400

　賞与引当金を設定した後，賞与を支給した場合には，計上してある引当金を取り崩し，支給日の属する期に関する支払額は賞与勘定（費用）として処理することになる。

【例題2】

　上記（例題）のボーナスを6月10日に現金で支給した場合の仕訳を行いなさい。

（借）賞　与　引　当　金　　　2,400　　　　（貸）現　　　　　　金　　　　3,600
　　　賞　　　　　与　　　　1,200
　　　3,600 × 2（4月〜5月）／6（12月〜5月）= 1,200

（3）売上割戻引当金

　売上割戻は，商品を一定量以上購入してもらった時に，販売代金を減額する処理として学習した。得意先に売上割戻を行っている場合，将来予想される割戻に対して引当金を設定する。この場合の引当金を売上割戻引当金という。

【例題3】

　期末の売上¥10,000に対して5%の売上割戻引当金を設定する。

（借）売上割戻引当金繰入　　　　500　　　　（貸）売 上 割 戻 引 当 金　　　　500

【例題4】

　売上割戻し¥6,000を行い，売掛金と相殺した。このうち，¥1,000は前期に販売したものである。売上割戻引当金残高は¥2,000ある。

（借）売 上 割 戻 引 当 金　　　1,000　　　　（貸）売　　掛　　金　　　　6,000
　　　売　　　　　上　　　　5,000

（4）引当金の表示区分

　各引当金の損益計算書における表示は下図のとおりである。

引当金繰入額の P/L 表示

引当金	繰入金の P/L 表示
売上割戻引当金	売上高から控除（販管費から控除）
返品調整引当金	売上総利益から控除（販管費から控除）
製品保証引当金	販売費・一般管理費
修繕引当金	販売費・一般管理費
賞与引当金	販売費・一般管理費
退職給付引当金	販売費・一般管理費
損害補償損失引当金	特別損失

第**6**章

株式の発行

1．株式会社の資本構成

株式会社の純資産の部に関して，次のような項目・区分を押さえておこう。

貸借対照表表示

純資産の部

Ⅰ 株主資本
1 資本金
2 資本剰余金
（1）資本準備金
（2）その他資本剰余金
3 利益剰余金
（1）利益準備金
（2）その他利益剰余金

資　産	負　債
	純資産

資　　本　　金・・・会社財産の金額（法定資本ともいう）

資 本 準 備 金・・・資本金の増減をもたらす取引から生じたもので，資本金としなかった部分の積み立て分。

利 益 準 備 金・・・会社法により，強制された準備金。
剰余金の配当として，社外に支出された金額の10分の1を積み立てる必要がある。

その他利益剰余金・・・利益を源泉とする資本のうち，利益準備金以外のもの。
任意積立金や繰越利益剰余金など。

2．株式の発行

（1）会社設立時の処理

株式を発行した場合は，原則として，払込金額は，全額を資本金にしなければならない。

　　ただし，容認規定として，払込金額の最大 1/2 を資本金としないこともできる。
その場合の資本金としない部分の金額は，資本準備金として処理する。
また，会社設立のために費用を支出した場合は，創立費勘定（費用）として処理する。

株式払込金額＝１株の払込金額×株式数

【例題１】

　　会社を設立し，定款に定めた発行可能株式数 4,000 株のうち，1,000 株を１株当たり¥20,000 で発行し，当座預金へ全額の払込があった。

（借）当　座　預　金　20,000,000　　　（貸）資　　　本　　　金　20,000,000
　　　払込金額　20,000,000 ＝ 1,000 × 20,000

【例題２】

　　会社を設立し，定款に定めた発行可能株式数 4,000 株のうち，1,000 株を１株当たり¥10,000 で発行し，全額の払込があった。払込金額のうち，２分の１の金額は，資本金としないことにした。

（借）当　座　預　金　10,000,000　　　（貸）資　　　本　　　金　5,000,000
　　　　　　　　　　　　　　　　　　　　　　資　本　準　備　金　5,000,000

　　　払込金額　10,000,000 ＝ 1,000 × 10,000
　　　資本金・資本準備金　10,000,000 × 1/2 ＝ 5,000,000

【例題３】

　　会社を設立し，定款に定めた発行可能株式数 4,000 株のうち，1,000 株を１株当たり¥40,000 で発行し，全額の払込があった。払込金額のうち，２分の１の金額は，資本金としないことにした。また，会社創立のために要した株式発行費用¥100,000 は現金で支払った。

（借）当　座　預　金　40,000,000　　　（貸）資　　　本　　　金　20,000,000
　　　　　　　　　　　　　　　　　　　　　　資　本　準　備　金　20,000,000
　　　創　　　立　　　費　　100,000　　　　　現　　　　　金　　100,000

　　　払込金額　40,000,000 ＝ 1,000 × 40,000
　　　資本金・資本準備金　40,000,000 × 1/2 ＝ 20,000,000

（２）増資時の処理

　増資とは，会社を設立した後，新たに株式を発行して資金調達することをいう。会社設立後，株式募集のための広告費や株券印刷代など，株式発行にかかった場合は，株式交付費勘定（費用）で処理する。

【例題4】

　　取締役会により，増資を決議し，新たに株式 1,000 株を 1 株当たり￥20,000 で発行し，全額の払い込みを受け，当座預金に入れた。株式の発行費用￥50,000 は現金で支払った。

（借）当 座 預 金　　20,000,000　　　　（貸）資　　本　　金　　20,000,000
　　　株 式 交 付 費　　　　50,000　　　　　　　現　　　　金　　　　50,000
　　　払込金額　20,000,000 ＝ 1,000 × 20,000
　　　資本金・資本準備金　20,000,000 × 1/2 ＝ 10,000,000

3．剰余金の配当

　　会社が稼いだ利益は，まだ使い道が決まっていないので，利益の使い道を決める必要がある。この時，株式会社が獲得した利益を株主に支払うことを剰余金の配当という。また，配当されない部分の利益をどのように会社に残しておくかについて決定することを剰余金の処分という。

　　剰余金が配当として社外に出る場合には，株主配当金として処理する。

　　会社内に残しておく場合には，その残し方によって，利益準備金，任意積立金，繰越利益剰余金の 3 つに区分する。

（1）決算時の処理

【例題1】

　　当期の純利益は決算において，￥5,000,000 と計算された。

（借）損　　　　　益　　5,000,000　　　　（貸）繰越利益剰余金　　5,000,000

　　決算時の損益勘定で計算された当期純利益は，繰越利益剰余金勘定に振り替える。

（2）株主総会決議後の処理

　　株主総会において，剰余金の配当・処分が決定したら，繰越利益剰余金の金額を確定した勘定科目に振り替える。

【例題2】

　　株主総会により，繰越利益剰余金の配当・処分が以下のように決定された。
　　配当金・・・￥20,000　任意積立金・・・￥100,000　利益準備金・・・￥200,000

（借）繰越利益剰余金　　　320,000　　　　（貸）利 益 準 備 金　　　200,000
　　　　　　　　　　　　　　　　　　　　　　任 意 積 立 金　　　100,000
　　　　　　　　　　　　　　　　　　　　　　未 払 配 当 金　　　 20,000

第7章

本支店会計

１．本支店会計の意義

　企業規模が拡大すると，多くの企業は支店を開設する。

　支店の会計処理には本店がすべて行う方法（本店集中会計制度）と，それぞれの支店に帳簿を設け記録し，支店の会計が本店の会計とは別なものとして行う方法（支店独立会計制度）がある。支店独立会計制度は，支店の独自の経営成績を把握することができ，業務を有効に管理することができる。

２．本支店会計の取引

　支店独立会計制度の場合，本店と支店との間で取引が行われた場合，本店側は，支店勘定，支店側は，本店勘定を用いて処理する。支店勘定，本店勘定は，照合勘定と呼ばれ，それぞれの残高は，貸借逆で必ず一致する。

【例題１】

　大阪に支店を開設し，下記の資産を本店から分離して，支店に送付し，本店の勘定から分離した。本店，支店の仕訳を示しなさい。

内容：現　金　¥50,000　　売掛金　¥100,000　　備　品¥200,000

本店（借）支	店	350,000	（貸）現	金	50,000	
			売 掛	金	100,000	
			備	品	200,000	
支店（借）現	金	50,000	（貸）本	店	350,000	
売 掛	金	100,000				
備	品	200,000				

【例題２】

　本店は，支店の通信費¥7,000を現金で支払い，支店は連絡を受けた。

本店（借）支	店	7,000	（貸）現	金	7,000
支店（借）通 信 費	7,000	（貸）本	店	7,000	

【例題3】

本店は，支店に商品¥50,000（原価）を送り，支店はその商品を受け取った。

本店	（借）支	店	50,000	（貸）仕	入	50,000
支店	（借）仕	入	50,000	（貸）本	店	50,000

問題1

次の取引について本店，支店の取引を仕訳しなさい。
（1）本店は支店に現金¥10,000を送り，支店はこれを受け取った。
（2）本店は支店の売掛金¥90,000を小切手で回収した。支店はこの連絡を受けた。
（3）本店は支店の買掛金¥30,000を小切手を振り出して支払った。この連絡を支店にした。

（1）

本店	（借）支	店	10,000	（貸）現	金	10,000
支店	（借）現	金	10,000	（貸）本	店	10,000

（2）

本店	（借）現	金	90,000	（貸）支	店	90,000
支店	（借）本	店	90,000	（貸）売　掛	金	90,000

（3）

本店	（借）支	店	30,000	（貸）当　座　預　金	30,000
支店	（借）買　掛　金	30,000	（貸）本	店	30,000

3．合併財務諸表の作成

本店および支店は，決算時には，企業全体の経営成績と財務状態を明らかにするために，本支店合併損益計算書と本支店合併貸借対照表を作成する。

本支店合併財務諸表の作成手続は下記のとおりである。
（1）本店・支店において未達事項を整理する（2級では省略）。
（2）本店・支店において決算整理を行う。
（3）本店勘定と支店勘定とを相殺消去する。

問題1

　A株式会社（会計期間は×1年4月1日から×2年3月31日までの1年間）の残高試算表と決算整理事項は，次のとおりであった。よって，本支店合併の貸借対照表，損益計算書，精算表を作成しなさい。

残 高 試 算 表
×2年3月31日　　　　　　　　　　　（単位：円）

借　　方	本　店	支　店	貸　　方	本　店	支　店
現　　　　　金	210,000	105,600	支　払　手　形	158,400	110,400
当　座　預　金	422,400	228,000	買　　掛　　金	301,200	241,200
売　　掛　　金	700,800	355,200	借　　入　　金	600,000	480,000
売買目的有価証券	348,000		貸　倒　引　当　金	15,600	7,200
繰　越　商　品	696,000	540,000	備品減価償却累計額	360,000	216,000
備　　　　　品	900,000	720,000	本　　　　　店		417,600
支　　　　　店	417,600		資　　本　　金	1,320,000	
仕　　　　　入	3,051,600	2,374,800	資　本　準　備　金	240,000	
給　　　　　料	816,000	552,000	利　益　準　備　金	240,000	
支　払　家　賃	788,400	396,000	繰越利益剰余金	144,000	
消　耗　品　費	324,000	228,000	売　　　　　上	5,204,400	3,996,000
支　払　利　息	26,400	19,200	受　取　手　数　料	117,600	50,400
	8,701,200	5,518,800		8,701,200	5,518,800

決算整理事項

1．期末商品棚卸高　　本店の帳簿棚卸高　￥496,000　　支店の帳簿棚卸高　￥304,000
　　なお，実地棚卸の結果，本支店合計で棚卸減耗費が￥14,400，商品評価損が￥33,600と算定された。
2．売掛金の期末残高について5%の貸倒れを見積もる。差額補充法により処理する。
3．売買目的で保有している有価証券の期末時価は￥256,000である。
4．備品について，本支店ともに定額法により減価償却を行う。
　　　残存価額　ゼロ　　耐用年数　8年
5．消耗品の未使用高　　本店　￥33,600　　支店　￥28,000
6．家賃の前払高　　　　本店　￥30,400　　支店　￥17,600
7．利息の未払高　　　　本店　￥ 9,600　　支店　￥ 6,400
8．手数料の前受高　　　本店　￥ 6,400　　支店　￥ 4,000

貸 借 対 照 表

A 株式会社　　　　　　　　　×2年3月31日　　　　　　　　　（単位：円）

資　　産	金　　額	負債および純資産	金　　額
現　　　　　金		支　払　手　形	
当　座　預　金		買　　掛　　金	
売　掛　金（　　　）		借　　入　　金	
貸倒引当金（　　　）		（　　　　　　　）	
売 買 目 的 有 価 証 券		（　　　　　　　）	
商　　　　　品		資　　本　　金	
（　　　　　　）		資　本　準　備　金	
（　　　　　　）		利　益　準　備　金	
備　品（　　　）		（　　　　　　　）	
備品減価償却累計額（　　　）			

損 益 計 算 書

A 株式会社　　　　×1年4月1日～×2年3月31日　　　　（単位：円）

費　　用	金　　額	収　　益	金　　額
（　　　）商品棚卸高		当 期 商 品 売 上 高	
当 期 商 品 純 仕 入 高		（　　　）商品棚卸高	
（　　　　　　）			
給　　　　　料		（　　　　　　　）	
支　払　家　賃		受　取　手　数　料	
（　　　　　　）			
（　　　　　　）			
（　　　　　　）			
（　　　　　　）			
（　　　　　　）			
消　耗　品　費			
支　払　利　息			
（　　　　　　）			

精　算　表

（単位：円）

勘定科目	本店試算表		支店試算表		修正記入		損益計算書		貸借対照表	
	借　方	貸　方	借　方	貸　方	借　方	貸　方	借　方	貸　方	借　方	貸　方
現　　　　金	210,000		105,600							
当 座 預 金	422,400		228,000							
売 　掛　 金	700,800		355,200							
売買目的有価証券	348,000									
繰 越 商 品	696,000		540,000							
備　　　　品	900,000		720,000							
支　　　　店	417,600									
支 払 手 形		158,400		110,400						
買 　掛 　金		301,200		241,200						
借 　入 　金		600,000		480,000						
貸 倒 引 当 金		15,600		7,200						
備品減価償却累計額		360,000		216,000						
本　　　　店				417,600						
資 　本 　金		1,320,000								
資 本 準 備 金		240,000								
利 益 準 備 金		240,000								
繰越利益剰余金		144,000								
売　　　　上		5,204,400		3,996,000						
受 取 手 数 料		117,600		50,400						
仕　　　　入	3,051,600		2,374,800							
給　　　　料	816,000		552,000							
支 払 家 賃	788,400		396,000							
消 耗 品 費	324,000		228,000							
支 払 利 息	26,400		19,200							
	8,701,200	8,701,200	5,518,800	5,518,800						
棚 卸 減 耗 費										
商 品 評 価 損										
貸倒引当金繰入										
有価証券運用損益										
減 価 償 却 費										
消 　耗 　品										
前 払 家 賃										
未 払 利 息										
前 受 手 数 料										
当 期 純 利 益										

（1）決算整理　　　　　　　　　　　　　　　　　　　　　　　　　　　　　　　（単位：円）

① 売上原価

	本　　店				支　　店		
（借）仕　　入	696,000	（貸）繰越商品	696,000	（借）仕　　入	540,000	（貸）繰越商品	540,000
（借）繰越商品	496,000	（貸）仕　　入	496,000	（借）繰越商品	304,000	（貸）仕　　入	304,000
（借）棚卸減耗費	14,400	（貸）繰越商品	48,000				
商品評価損	33,600						

② 貸倒引当金

	本　　店				支　　店		
（借）貸倒引当金繰入	19,440	（貸）貸倒引当金	19,440	（借）貸倒引当金繰入	10,560	（貸）貸倒引当金	10,560

$700,800 \times 5\% - 15,600 = 19,440$　　　　　　　　　　　$355,200 \times 5\% - 7,200 = 10,560$

③ 有価証券

	本　　店			支　　店
（借）有価証券運用損益	92,000	（貸）売買目的有価証券	92,000	

$348,000 - 256,000 = 92,000$

④ 減価償却

	本　　店				支　　店		
（借）減価償却費	112,500	（貸）備品減価償却累計額	112,500	（借）減価償却費	90,000	（貸）備品減価償却累計額	90,000

$900,000 \div 8 \text{年} = 112,500$　　　　　　　　　　　$720,000 \div 8 \text{年} = 90,000$

⑤ 消耗品

	本　　店				支　　店		
（借）消耗品	33,600	（貸）消耗品費	33,600	（借）消耗品	28,000	（貸）消耗品費	28,000

⑥ 家賃

	本　　店				支　　店		
（借）前払家賃	30,400	（貸）支払家賃	30,400	（借）前払家賃	17,600	（貸）支払家賃	17,600

⑦ 利息

	本　　店				支　　店		
（借）支払利息	9,600	（貸）未払利息	9,600	（借）支払利息	6,400	（貸）未払利息	6,400

⑧ 手数料

	本　　店				支　　店		
（借）受取手数料	6,400	（貸）前受手数料	6,400	（借）受取手数料	4,000	（貸）前受手数料	4,000

（2）内部取引の相殺

（借）本　　店　417,600　（貸）支　　店　417,600

貸 借 対 照 表

A 株式会社		× 2 年 3 月 31 日		（単位：円）
資　　　産	金　　　額	負債および純資産	金　　　額	
現　　　　　　　金	315,600	支　払　手　形	268,800	
当　座　預　金	650,400	買　　掛　　金	542,400	
売　掛　金 (1,056,000)		借　　入　　金	1,080,000	
貸倒引当金 (52,800)	1,003,200	（ 未　払　利　息 ）	16,000	
売買目的有価証券	256,000	（ 前 受 手 数 料 ）	10,400	
商　　　　　　品	752,000	資　　本　　金	1,320,000	
（ 消　耗　品 ）	61,600	資　本　準　備　金	240,000	
（ 前　払　家　賃 ）	48,000	利　益　準　備　金	240,000	
備　　品 (1,620,000)		（ 繰 越 利 益 剰 余 金 ）	210,700	
備品減価償却累計額 (778,500)	841,500			
	3,928,300		3,928,300	

損 益 計 算 書

A 株式会社		× 1 年 4 月 1 日 ～ × 2 年 3 月 31 日		（単位：円）
費　　　用	金　　　額	収　　　益	金　　　額	
（期首）商品棚卸高	1,236,000	当 期 商 品 売 上 高	9,200,400	
当 期 商 品 純 仕 入 高	5,426,400	（期末）商品棚卸高	800,000	
（ 売 上 総 利 益 ）	3,338,000			
	10,000,400		10,000,400	
給　　　　　　料	1,368,000	（ 売 上 総 利 益 ）	3,338,000	
支　払　家　賃	1,136,400	受　取　手　数　料	157,600	
（ 棚 卸 減 耗 費 ）	14,400			
（ 商 品 評 価 損 ）	33,600			
（貸 倒 引 当 金 繰 入）	30,000			
（ 減 価 償 却 費 ）	202,500			
（有価証券運用損益）	92,000			
消　耗　品　費	490,400			
支　払　利　息	61,600			
（ 当 期 純 利 益 ）	66,700			
	3,495,600		3,495,600	

精　算　表　　　　　　　　　　（単位：円）

勘定科目	本店試算表 借方	本店試算表 貸方	支店試算表 借方	支店試算表 貸方	修正記入 借方	修正記入 貸方	損益計算書 借方	損益計算書 貸方	貸借対照表 借方	貸借対照表 貸方
現　　　　　金	210,000		105,600						315,600	
当 座 預 金	422,400		228,000						650,400	
売 掛 金	700,800		355,200						1,056,000	
売買目的有価証券	348,000					92,000			256,000	
繰 越 商 品	696,000		540,000		800,000	1,236,000 48,000			752,000	
備　　　　　品	900,000		720,000						1,620,000	
支　　　　　店	417,600					417,600				
支 払 手 形		158,400		110,400						268,800
買 掛 金		301,200		241,200						542,400
借 入 金		600,000		480,000						1,080,000
貸 倒 引 当 金		15,600		7,200		30,000				52,800
備品減価償却累計額		360,000		216,000		202,500				778,500
本　　　　　店				417,600	417,600					
資 本 金		1,320,000								1,320,000
資 本 準 備 金		240,000								240,000
利 益 準 備 金		240,000								240,000
繰 越 利 益 剰 余 金		144,000								144,000
売　　　　　上		5,204,400		3,996,000				9,200,400		
受 取 手 数 料		117,600		50,400	10,400			157,600		
仕　　　　　入	3,051,600		2,374,800		1,236,000	800,000	5,862,400			
給　　　　　料	816,000		552,000				1,368,000			
支 払 家 賃	788,400		396,000			48,000	1,136,400			
消 耗 品 費	324,000		228,000			61,600	490,400			
支 払 利 息	26,400		19,200		16,000		61,600			
	8,701,200	8,701,200	5,518,800	5,518,800						
棚 卸 減 耗 費					14,400		14,400			
商 品 評 価 損					33,600		33,600			
貸倒引当金繰入					30,000		30,000			
有価証券運用損益					92,000		92,000			
減 価 償 却 費					202,500		202,500			
消 耗 品					61,600				61,600	
前 払 家 賃					48,000				48,000	
未 払 利 息						16,000				16,000
前 受 手 数 料						10,400				10,400
当 期 純 利 益							66,700			66,700
					2,962,100	2,962,100	9,358,000	9,358,000	4,759,600	4,759,600

★ 9,291,300
（利益考慮前）

★ 4,692,900
（利益考慮前）

第**2**部

問 題 集

（3級）

第1編　問　題

解　答　167 ページ
解答用紙　　1 ページ

第1回

第1問　下記の各取引について仕訳しなさい。ただし，勘定科目は，設問ごとに最も適当と思われるものを選び，解答用紙に解答する。なお，消費税は指示された問題のみを考慮すること。

1．A商店に￥720,000 を貸し付け，同額の約束手形を受け取り，利息￥7,200 を差し引いた残額を当社の普通預金口座からA商店の普通預金口座に振り込んだ。
ア．普通預金　イ．受取手形　ウ．手形貸付金　エ．手形借入金
オ．支払利息　カ．受取利息

2．得意先B商店に対して商品￥513,600 に発送費用￥6,000 を加えた合計額で販売し，その合計額のうち￥48,000 は注文時に受け取った手付金と相殺し，残額を掛けとした。また，同時に配送業者へ商品を引き渡し，発送費用￥6,000 は現金で支払った。
ア．前払金　イ．売掛金　ウ．前受金　エ．仮受金　オ．売上　カ．発送費

3．得意先C商店の倒産により，同店に対する売掛金（前期販売分）￥156,000 が貸倒れとなった。なお，貸倒引当金の残高は￥60,000 である。
ア．貸倒損失　イ．貸倒引当金繰入　ウ．買掛金　エ．貸倒引当金　オ．現金
カ．売掛金

4．広告宣伝費￥42,000 を普通預金口座から支払った。また，振込手数料として￥360 が同口座から引き落とされた。
ア．保険料　イ．広告宣伝費　ウ．支払手数料　エ．通信費　オ．普通預金
カ．受取手数料

5．不要になった備品（取得原価￥840,000，減価償却累計額￥672,000，間接法で記帳）を期首に￥24,000 で売却し，代金は月末に受け取ることとした。
ア．売掛金　イ．固定資産売却損　ウ．固定資産売却益
エ．備品減価償却累計額　オ．未収入金　カ．備品

6．当月の給料の支払いにあたり，所得税の源泉徴収額￥3,600を差し引いた残額
￥180,000を普通預金口座から振り込んだ。
ア．普通預金　イ．立替金　ウ．給料　エ．法人税等　オ．所得税預り金
カ．租税公課

7．D商店から商品￥336,000を仕入れ，代金のうち￥96,000は小切手，残額は約束手
形をそれぞれ振り出して支払った。
ア．支払手形　イ．受取手形　ウ．当座預金　エ．買掛金　オ．現金　カ．仕入

8．業務で使用する目的でコピー複合機￥648,000を購入し，搬入設置費用￥24,000を
含めた￥672,000のうち￥312,000は小切手を振り出して支払い，残額は翌月以降の分
割払いとした。
ア．買掛金　イ．備品　ウ．仕入　エ．当座預金　オ．借入金　カ．未払金

9．商品￥18,000を売り上げ，代金は信販会社が発行した商品券￥12,000および現金で
受け取った。
ア．現金　イ．前受金　ウ．売掛金　エ．受取商品券　オ．売上　カ．受取手数料

10．前月の仕入れにかかる掛け代金￥840,000を普通預金口座から振り込んだ。また，
振込手数料として￥1,200が同口座から引き落とされた。
ア．現金　イ．普通預金　ウ．買掛金　エ．仕入　オ．支払手数料　カ．支払手形

11．決算の結果，確定した税引前当期純利益について法人税，住民税及び事業税が
￥420,000と計算された。本年度は中間納付を行っていない。
ア．未払法人税等　イ．未払消費税　ウ．繰越利益剰余金　エ．資本金
オ．仮払法人税　カ．法人税，住民税及び事業税

12．E商店より，商品売上げの対価として受け取っていた同店振り出しの約束手形
￥228,000につき，手形期日である本日，当座預金口座に入金済みの連絡を受けた。
ア．現金　イ．当座預金　ウ．売上　エ．受取手形　オ．受取利息　カ．支払手形

13．F（株）に対する貸付金￥600,000を，1年の利息とともに同社振り出しの小切手
で回収した。なお，利息は年利2％である。
ア．現金　イ．当座預金　ウ．貸付金　エ．支払利息　オ．受取手数料　カ．受取利息

14．出張中の従業員から当座預金口座に￥102,000の入金があった。このうち，￥72,000
については，得意先G商店から注文を受けた際に受領した手付金であることが判明し

　ているが，残額¥30,000の詳細は不明であった。

ア．売上　イ．前受金　ウ．仮払金　エ．当座預金　オ．仮受金　カ．通信費

15. 決算を行い，納付すべき消費税額を算定した。なお，本年度の消費税の仮払分は
　　¥216,000，仮受分は¥498,000であり，消費税の記帳は税抜方式により行っている。

ア．仮払消費税　イ．租税公課　ウ．仮受消費税　エ．資本金　オ．未収入金
カ．未払消費税

第2問　問1　次の［資料］にもとづいて，下記の（1）に答えなさい。なお，商品
　　　　　　　　売買に関する記帳は3分法により行い，取引銀行とは¥600,000を限度
　　　　　　　　額とする当座借越契約を締結している。

［資料］5月中の取引
5月1日　前期末に計上した当座借越¥180,000を当座預金勘定に振り戻した。
　　7日　商品¥600,000を仕入れ，代金のうち半額は小切手を振り出して支払い，残
　　　　額は掛けとした。
　　13日　売掛金¥540,000の回収として，当座預金口座への入金があった。
　　18日　取引銀行に小切手¥120,000を振り出し，現金を引き出した。
　　25日　先月末に売却した備品の代金¥421,200が当座預金口座へ振り込まれた。
　　27日　短期資金として借り入れていた¥360,000の支払期限が到来したため，10か
　　　　月分の利息とともに当座預金口座から返済した。なお，借入れの年利率は
　　　　1.2%であり，利息は月割計算する。

（1）当座預金勘定の空欄にあてはまる適切な日付，語句または金額を答えなさい。

当座預金

5/(	) (	) (	)	5/(	) (	) (	)
	(	) (	) (	)	(	) (	) (	)
				(	) (	) (	)
				(	) (	) (	)

問2 次のA商事株式会社における各取引の伝票記入について，空欄（①）〜（⑤）にあてはまる適切な語句または金額を答えなさい。なお，語句については下記の［語群］から選びなさい。使用しない伝票の解答欄には「ク．記入なし」を選ぶこと。
　　商品売買取引の処理は3分法を採用している。

［語群］
ア．当座預金　イ．前払金　ウ．支払手形　エ．受取手形　オ．売上　カ．現金
キ．仮払金　ク．記入なし

(1) 静岡商店へ商品¥400,000を売り上げ，代金のうち¥100,000は同店振り出しの約束手形で受け取り，残額は同店振り出しの小切手で受け取った。

入　金　伝　票		振　替　伝　票			
科　　　目	金　　額	借方科目	金　　額	貸方科目	金　　額
	（　①　）	（　②　）	100,000	（　③　）	100,000

(2) 今週のはじめに，旅費交通費支払用のICカードに現金¥10,000をチャージ（入金）し，仮払金として処理していた。当社はこのICカードを使用したときに費用に振り替える処理を採用しているが，本日¥4,000分使用した。

出　金　伝　票		振　替　伝　票			
科　　　目	金　　額	借方科目	金　　額	貸方科目	金　　額
（　④　）				（　⑤　）	

第3問 次の精算表の残高試算表と決算整理事項等にもとづいて，解答用紙の精算表を完成しなさい。なお，消費税の仮受け・仮払いは売上取引・仕入取引のみで行うものとする。会計期間は×1年4月1日から×2年3月31日までの1年間である。

決算整理事項等
1．決算日における現金の実際有高は¥672,000であった。帳簿残高との差額のうち¥4,320については通信費の記入漏れであることが判明したが，残額については原因不明なので，雑損または雑益として処理する。
2．仮受金は，その金額が売掛金の回収であることが判明した。
3．3月1日に，土地¥432,000を購入し，その代金は2か月後に支払うこととした。購入時に以下の仕訳をしていたので，適正に修正する。
　　（借方）土　地　432,000　　　（貸方）買掛金　432,000

4．売掛金の期末残高に対して 3 ％の貸倒引当金を差額補充法により設定する。

5．期末商品棚卸高は¥226,800 である。

6．有形固定資産について，次の要領で定額法により減価償却を行う。

　　建物：耐用年数 30 年　残存価額ゼロ

　　備品：耐用年数 5 年　残存価額ゼロ

7．消費税の処理（税抜方式）を行う。

8．12 月 1 日に，12 月から翌年 5 月分までの 6 か月分の家賃¥288,000 を支払い，その金額を支払家賃として処理した。したがって，未経過分を月割で計上する。

9．借入金（利率は年 2 ％）について，3 か月分の未払利息を計上する。

10．手数料の未収分が¥36,000 ある。

11．未払法人税等¥511,200 を計上する。なお，中間納付は行っていない。

第2回

解　答　171ページ
解答用紙　　4ページ

第1問　　下記の各取引について仕訳しなさい。ただし，勘定科目は，設問ごとに最も適当と思われるものを選び，解答用紙に解答する。なお，消費税は指示された問題のみ考慮すること。

1．新店舗を開設する目的で，土地750m^{2}を，1m^{2}当たり¥66,000で購入し，土地代金は月末に支払うことにした。なお，不動産会社への手数料¥600,000は，普通預金口座から支払った。
　ア．土地　イ．現金　ウ．買掛金　エ．未払金　オ．租税公課　カ．普通預金

2．仕入勘定において算定された売上原価¥3,360,000を損益勘定に振り替えた。
　ア．現金　イ．損益　ウ．保険料　エ．売上　オ．仕入　カ．繰越商品

3．現金の帳簿残高が実際有高より¥12,000少なかったので現金過不足として処理していたが，決算日において，受取手数料¥18,000と旅費交通費¥8,400の記入漏れが判明した。残額は原因が不明であったので，雑益または雑損として処理する。
　ア．受取手数料　イ．雑益　ウ．現金過不足　エ．雑損　オ．現金　カ．旅費交通費

4．建物の改築と修繕を行い，代金¥24,000,000を普通預金口座から支払った。うち建物の資産価値を高める支出額（資本的支出）は¥19,200,000であり，建物の現状を維持するための支出額（収益的支出）は¥4,800,000である。
　ア．現金　イ．修繕費　ウ．土地　エ．建物　オ．売上　カ．普通預金

5．収入印紙¥9,600を購入し，代金は現金で支払った。なお，この収入印紙はただちに使用した。
　ア．通信費　イ．消耗品費　ウ．現金　エ．仮払金　オ．租税公課　カ．売上

6．A物産株式会社は，B商店に商品を売り上げ，品物とともに以下の請求書の原本を発送し，代金は月末に受け取ることとした。消費税については，税抜方式で記帳している。

	請求書（控）		
B商店　　御中			
			A物産（株）

品　物	数　量	単　価	金　額
甲品	30	2,000	￥60,000
乙品	36	3,800	￥136,800
丙品	18	4,200	￥75,600
	消費税（10％）		￥27,240
	合　計		￥299,640

ア．未収入金　イ．買掛金　ウ．仮払消費税　エ．売掛金　オ．仮受消費税　カ．売上

7．所轄税務署より納期の特例承認を受けている源泉徴収所得税の納付として1月から
　6月までの合計税額￥112,800を，納付書とともに銀行において現金で納付した。
ア．受取手形　イ．所得税預り金　ウ．買掛金　エ．現金　オ．支払手形
カ．当座預金

8．商品￥168,000を仕入れ，代金のうち￥108,000は約束手形を振り出し，残額は掛け
　とした。
ア．買掛金　イ．売掛金　ウ．売上　エ．当座預金　オ．仕入　カ．支払手形

9．A社は当期の決算を行った結果，当期純利益￥1,800,000を計上した。
ア．雑益　イ．未収利息　ウ．繰越利益剰余金　エ．利益準備金　オ．資本金
カ．損益

10．C銀行の当座預金口座からD銀行の当座預金口座に￥60,000を送金した。
ア．電子記録債務　イ．当座預金C銀行　ウ．現金　エ．当座預金D銀行
オ．電子記録債権　カ．売掛金

11．E商事株式会社は，以下の納付書にもとづき，法人税を普通預金口座から振り込ん
　だ。

（納付書）	領収証書		
税目　　法人税	本　税	540,000	納期等の区分　X50401
	重加算税		中間申告　X60331
住所　東京都江戸川区○○	加算税		
	利子税		出納印 X5.11.5 甲銀行
	延滞税		
氏名　E商事株式会社	合計額	￥540,000	

ア．普通預金　イ．仮払法人税等　ウ．法人税等　エ．租税公課　オ．未払法人税等
カ．未払消費税

12．電子債権記録機関に発生記録を行った債務¥120,000 が決済され，当座預金口座から引き落とされた。
ア．普通預金　イ．現金　ウ．電子記録債務　エ．当座預金　オ．電子記録債権
カ．売掛金

13．商品をクレジット払いの条件で販売し，信販会社に請求していた掛代金¥60,000（手数料控除後の金額）が，当座預金口座に振り込まれた。
ア．貸付金　イ．クレジット売掛金　ウ．売上　エ．給料　オ．支払利息
カ．当座預金

14．F商店に振り出していた約束手形¥240,000 の支払期日が到来し，当座預金口座から引き落としが行われた旨，取引銀行から連絡を受けた。
ア．支払手形　イ．受取手形　ウ．手形借入金　エ．資本金　オ．雑損　カ．当座預金

15．前期の決算において，収入印紙¥9,600，郵便切手¥1,968 を貯蔵品勘定に振り替えていたので，本日（当期首），再振替仕訳を行った。
ア．現金　イ．租税公課　ウ．貯蔵品　エ．通信費　オ．消耗品費　カ．水道光熱費

第2問　問1　C株式会社（決算年1回，12月31日）における次の取引にもとづいて，解答用紙の支払利息勘定と未払利息勘定に必要な記入を行い，締め切るとともに，未払利息勘定については開始記入もあわせて行いなさい。なお，摘要欄に記入する語句は，下記の［語群］から最も適当と思われるものを選びなさい。

［語群］
ア．支払利息　イ．未払利息　ウ．次期繰越　エ．前期繰越　オ．損益　カ．普通預金

1月1日　取引先から¥1,440,000（利率年1.5％，期間1年，利払日は6月と12月の各末日）を借り入れ，同額が普通預金口座に振り込まれた。
6月30日　取引先からの借入金について，利息を普通預金口座から支払った。
9月1日　銀行から¥2,400,000（利率年1.2％，期間1年）を借り入れ，同額が普通預金口座に振り込まれた。なお，利息は元本返済時に一括で支払う契約である。
12月31日　取引先からの借入金について，利息を普通預金口座から支払った。
　　　　　銀行からの借入金について，未払分の利息を計上した。

支　払　利　息

6/30 （　　　）	（　　　）	12/31 （　　　）	（　　　）
12/31　普　通　預　金	（　　　）		
〃　（　　　）	（　　　）		
	（　　　）		（　　　）

未　払　利　息

12/31 （　　　）	（　　　）	12/31 （　　　）	（　　　）
		1/1　前　期　繰　越	（　　　）

問2　次の文の①～⑩にあてはまる最も適切な語句を下記の［語群］から選び，ア～ト
の記号で答えなさい。

1．給料から差し引かれる所得税の源泉徴収額は，租税公課などの（　①　）ではなく，
会社にとっては預り金として貸借対照表上（　②　）に計上される。

2．当座預金の引出しには，一般に（　③　）が使われる。他社が振り出した（　③　）
を受け取った場合，（　④　）として処理する。

3．（　⑤　）に生じた売掛金が当期中に回収不能となった場合，（　⑤　）決算日に設
定された（　⑥　）を取り崩す。

4．決算は，決算予備手続，決算本手続の順に行われる。決算予備手続では（　⑦　）
が作成され，決算本手続では帳簿が締め切られる。そして最終的に（　⑧　）が作成
される。

5．売掛金勘定や買掛金勘定は，主要簿である（　⑨　）に収められる。主要簿には
（　⑨　）のほか，（　⑩　）がある。

［語群］
ア．試算表　イ．財務諸表　ウ．負債　エ．前期　オ．費用　カ．約束手形
キ．総勘定元帳　ク．純資産　ケ．損益勘定　コ．貸倒引当金　サ．収益　シ．現金
ス．仕訳帳　セ．買掛金元帳　ソ．小切手　タ．為替手形　チ．貸倒引当金繰入
ツ．貸倒損失　テ．当期　ト．精算表

第3問　次の（1）決算整理前残高試算表および（2）決算整理事項等にもとづいて，解答用紙の決算整理後試算表を完成しなさい。なお，消費税の仮受け，仮払い売上取引・仕入取引のみで行うものとし，税抜方式で処理する。会計期間は4月1日から翌3月31日までの1年間である。

（1）

決算整理前残高試算表

借　　方	勘　定　科　目	貸　　方
372,000	現　　　　　金	
576,000	当　座　預　金	
84,000	受　取　手　形	
924,000	売　　掛　　金	
702,000	仮　払　消　費　税	
528,000	繰　越　商　品	
2,640,000	建　　　　　物	
480,000	備　　　　　品	
2,540,000	土　　　　　地	
	買　　掛　　金	656,000
	借　　入　　金	1,800,000
	仮　　受　　金	83,280
	仮　受　消　費　税	1,081,200
	所　得　税　預　り　金	21,600
	貸　倒　引　当　金	3,600
	建物減価償却累計額	240,000
	備品減価償却累計額	360,000
	資　　本　　金	3,300,000
	繰　越　利　益　剰　余　金	340,320
	売　　　　　上	12,012,000
7,800,000	仕　　　　　入	
2,640,000	給　　　　　料	
240,000	法　定　福　利　費	
72,000	支　払　手　数　料	
180,000	租　税　公　課	
120,000	支　払　利　息	
19,898,000		19,898,000

(2) 決算整理事項等

1．商品￥300,000 を販売し，代金は 10％の消費税も含めた合計額を，先方振出の約束手形で受け取っていたが未処理である。

2．仮受金は，得意先からの売掛金￥84,000 の振込みであることが判明した。なお，振込額と売掛金の差額は当社負担の振込手数料（問題の便宜上，この振込手数料には消費税が課されないものとする）であり，入金時に振込額を仮受金として処理したのみである。

3．受取手形と売掛金の期末残高に対して貸倒引当金を差額補充法により 1％設定する。

4．期末商品棚卸高は￥480,000 である。

5．収入印紙の未使用分￥21,600 を貯蔵品勘定に振り替える。

6．有形固定資産について，次の要領で定額法により減価償却を行う。

　　　建物：耐用年数 22 年　残存価額ゼロ

　　　備品：耐用年数 4 年　残存価額ゼロ

　　　なお，決算整理前残高試算表の備品￥720,000 のうち￥240,000 は昨年度にすでに耐用年数をむかえて減価償却を終了している。そこで，今年度は備品に関して残りの￥480,000 についてのみ減価償却を行う。

7．消費税の処理を行う。

8．社会保険料の当社負担分￥12,000 を未払い計上する。

9．借入金は当期の 12 月 1 日に期間 1 年，利率年 4％で借り入れたものであり，借入時にすべての利息が差し引かれた金額を受け取っている。そこで，利息について月割により適切に処理する。

10．未払法人税等￥240,000 を計上する。なお，当期に中間納付はしていない。

第**3**回

解　答　176ページ
解答用紙　　7ページ

第1問　　　　下記の各取引について仕訳しなさい。ただし，勘定科目は，設問ごとに最も適当と思われるものを選び，解答用紙に解答する。なお，消費税は指示された問題のみ考慮すること。

1．かねて販売した商品¥420,000の返品を受けたため，掛代金から差し引くこととした。
ア．仕入　イ．現金　ウ．売掛金　エ．未収入金　オ．売上　カ．買掛金

2．販売用の中古車を¥1,020,000で購入し，代金は掛けとした。なお，当社は中古車販売業を営んでいる。
ア．車両運搬具　イ．仕入　ウ．保険料　エ．買掛金　オ．備品　カ．未払金

3．土地付き建物¥4,800,000（うち建物¥1,200,000，土地¥3,600,000）を購入し，売買手数料（それぞれの代金の3％）を加えた総額を普通預金口座から振り込むとともに引き渡しを受けた。
ア．建物　イ．当座預金　ウ．備品　エ．土地　オ．現金　カ．普通預金

4．従業員が業務のために立て替えた1か月分の諸経費は次のとおりであった。そこで，来月の給料に含めて従業員へ支払うこととし，未払金として計上した。
　　電車代　¥8,100　　タクシー代　¥5,400　　書籍代（消耗品費）　¥6,000
ア．小口現金　イ．未払金　ウ．旅費交通費　エ．建物　オ．給料　カ．消耗品費

5．借入金（元金均等返済）の今月返済分の元本¥240,000および利息（各自計算）が普通預金口座から引き落とされた。利息の引落額は未返済の元本¥1,200,000に利率年3.65％を適用し，30日分の日割計算（1年を365日とする）した額である。
ア．普通預金　イ．支払手数料　ウ．現金　エ．借入金　オ．支払利息　カ．貸付金

6．決算にあたり，当座預金勘定の貸方残高¥360,000を当座借越勘定に振り替える。なお，当社は取引銀行との間に¥1,200,000を借越限度額とする当座借越契約を締結している。
ア．未収入金　イ．買掛金　ウ．当座預金　エ．未払金　オ．貸付金　カ．当座借越

7．得意先A商店に対して期間9か月，年利率4.8％で¥480,000を貸し付けていたが，本日満期日のため利息とともに現金で返済を受けた。
ア．受取利息　イ．現金　ウ．借入金　エ．資本金　オ．貸付金　カ．支払利息

8．商品売上げの対価として受け取っていた共通商品券¥60,000について取引銀行を通じて精算し現金を受け取った。
ア．当座預金　イ．受取商品券　ウ．未払金　エ．受取手形　オ．通信費　カ．現金

9．商品を¥67,200で仕入れ，代金は掛けとしていたが，誤って貸借逆に記帳していたことが判明したので，これを訂正する。なお，訂正にあたっては，記録の誤りのみを部分的に修正する方法によること。
ア．普通預金　イ．消耗品費　ウ．買掛金　エ．資本金　オ．仕入　カ．建物

10．以前に取引先に注文していた商品¥96,000が手許に届いた。なお，同商品の注文に際しては代金の3割に相当する額を内金として小切手を振り出して支払っており，代金の残額は次月末に支払うことになっている。なお，商品の取引運賃¥2,400は着払いとなっているため配送業者に現金で支払った。
ア．仕入　イ．当座預金　ウ．未払金　エ．前払金　オ．現金　カ．買掛金

11．仕入先に対する買掛金¥480,000の支払いを電子債権記録機関で行うため，取引銀行を通じて債務の発生記録を行った。
ア．当座預金　イ．買掛金　ウ．支払手形　エ．売掛金　オ．電子記録債務
カ．電子記録債権

12．決算にあたり消費税の納付額を計算し，これを確定した。なお，消費税の仮払分は¥51,600，仮受分は¥110,400であり，消費税の記帳方法として税抜方式を採用している。
ア．仮受消費税　イ．法人税等　ウ．租税公課　エ．仮払消費税　オ．支払家賃
カ．未払消費税

13．オフィスのデスクセットを購入し，据付作業ののち，次の請求書を受け取り，代金は後日支払うこととした。

請求書			

請求書

B商事株式会社　御中

C株式会社

品　　物	数　量	単　価	金　額
デスクセット	1	￥2,400,000	￥2,400,000
配送料			￥36,000
据付費			￥120,000
		合　計	￥2,556,000

ア．消耗品費　イ．未払金　ウ．仕入　エ．買掛金　オ．備品　カ．支払手数料

14. 過日，土地（帳簿価額￥2,040,000）を売却済みであったが，代金￥1,800,000を仮受金としたのみであるため，適切な処理を行う。
ア．固定資産売却益　イ．仕入　ウ．土地　エ．固定資産売却損　オ．仮受金
カ．減価償却費

15. 得意先D商店に対する売掛金￥336,000の回収として，￥216,000はE商店振り出しの約束手形で受け取り，残額は当座預金口座に振り込まれた。
ア．売掛金　イ．普通預金　ウ．受取手形　エ．資本金　オ．立替金　カ．当座預金

第2問　問1　次の8月におけるA商品に関する［資料］にもとづいて，下記の（1）と（2）に答えなさい。

［資料］

8月1日	前月繰越	80個	@￥420	= 33,600
8日	仕　入	200個	@￥434	= 86,800
15日	売　上	230個	@￥650	= 149,500
22日	仕　入	250個	@￥442	= 110,500
29日	売　上	250個	@￥650	= 162,500

(1) 8月におけるA商品の商品有高帳を作成しなさい。払出単価の決定方法は移動平均法を用いるものとする。
(2) 8月におけるA商品の売上高，売上原価および売上総利益を答えなさい。

問2　次の文の（　①　）から（　⑤　）に当てはまる適切な語句を下記の［語群］から選
　　び答えなさい。

１．財務諸表のうち，一企業における一時点の資産，負債および純資産の状態を示す表
　　のことを（　①　）という。
２．貸借平均の原理にもとづき，総勘定元帳への転記が正しく行われたかどうかを確認
　　したり，期末の決算手続きを円滑に行うために作成する表を（　②　）という。
３．建物の機能の回復や維持のために修繕を行った場合の仕訳の借方は（　③　）勘定
　　を用いるが，修繕により機能が向上して価値が増加した場合は（　④　）勘定を用いる。
４．取得した土地を利用できるようにするために支払った費用は（　⑤　）勘定で処理
　　する。

［語群］
ア．建物　イ．租税公課　ウ．精算表　エ．損益計算書　オ．損益　カ．貸借対照表
キ．修繕費　ク．土地　ケ．試算表　コ．仕訳帳　サ．整地費　シ．補助元帳

第3問　　次の（1）決算整理前残高試算表と（2）未処理事項・決算整理事項にもとづいて，決算整理後残高試算表を完成しなさい。なお，消費税の仮受け・仮払いは売上取引・仕入取引のみで行い，税抜方式で処理する。会計期間は1月1日から12月31日の1年間である。

（1）

決算整理前残高試算表

借　　方	勘　定　科　目	貸　　方
1,500,000	現　　　　　　　金	
42,000	現　金　過　不　足	
1,480,000	普　通　預　金	
708,000	売　　掛　　金	
355,200	仮　払　消　費　税	
444,000	繰　越　商　品	
600,000	貸　　付　　金	
2,400,000	建　　　　　物	
1,440,000	備　　　　　品	
612,000	土　　　　　地	
	買　　掛　　金	600,000
	仮　　受　　金	36,000
	仮　受　消　費　税	468,000
	貸　倒　引　当　金	8,400
	建物減価償却累計額	864,000
	備品減価償却累計額	1,080,000
	資　　本　　金	4,000,000
	繰　越　利　益　剰　余　金	2,176,560
	売　　　　　上	4,680,000
	受　取　地　代	53,040
	受　取　利　息	18,000
3,552,000	仕　　　　　入	
660,000	給　　　　　料	
36,000	保　　険　　料	
112,800	支　払　家　賃	
42,000	支　払　手　数　料	
13,984,000		13,984,000

(2) 未処理事項・決算整理事項

1．売掛金のうち¥48,000 は，すでに当社の普通預金口座へ振り込まれていたことが判明した。

2．商品¥48,000（税抜価格）を仕入れ，代金は 10％の消費税も含めて掛けとしたが，この取引が未処理であったことが判明した。

3．現金過不足は現金の盗難により生じたものである。また，当社では盗難保険をかけており，仮受金は盗難に対する保険金として受け取ったものである。そこで，現金過不足と仮受金を相殺し，差額を雑益または雑損として処理する。

4．期末商品の棚卸高は¥408,000 であった。なお，この金額には上記 2．の仕入未処理が含まれている。売上原価は「仕入」の行で計算すること。

5．有形固定資産について，次の要領で定額法により減価償却を行う。

　　　建物：耐用年数 25 年　残存価額は取得原価の 10％

　　　備品：耐用年数 8 年　残存価額ゼロ

6．消費税の処理（税抜方式）を行う。

7．期末の売掛金残高に対して 2％の貸倒れを見積り，差額補充法により貸倒引当金を設定する。

8．貸付金は，当期の 10 月 1 日に期間 12 か月，利率年 3％（利息は返済時に金額受け取り）の条件で貸し付けたものである。なお，利息の計算は月割によること。

9．給料の未払分が¥12,000 ある。

10．受取地代は奇数月の月末にむこう 2 か月分として¥8,160 を受け取っている。

解　答　181 ページ
解答用紙　　10 ページ

第4回

第1問　　下記の各取引について仕訳しなさい。ただし，勘定科目は，設問ごとに最も適当と思われるものを選び，解答用紙に解答する。なお，消費税は指示された問題のみ考慮すること。

1．収入印紙￥36,000，郵便切手￥3,600 を購入し，いずれも費用として処理していたが，決算日に収入印紙￥12,000，郵便切手￥984 が未使用であることが判明したため，これらを貯蔵品勘定に振り替えることとした。
　ア．現金　イ．租税公課　ウ．繰越商品　エ．通信費　オ．消耗品費　カ．貯蔵品

2．従業員にかかる健康保険料￥108,000 を普通預金口座から納付した。このうち従業員負担分￥54,000 は，社会保険料預り金からの支出であり，残額は会社負担である。
　ア．社会保険料預り金　イ．保険料　ウ．普通預金　エ．支払手数料　オ．法定福利費
　カ．当座預金

3．営業の用に供している建物の修繕を行い，代金￥276,000 は来月末に支払うこととした。
　ア．普通預金　イ．修繕費　ウ．建物　エ．買掛金　オ．消耗品費　カ．未払金

4．取引銀行から借り入れていた￥2,400,000 の支払期日が到来したため，元利合計を当座預金口座から返済した。なお，借入れにともなう利率は年 2.19％であり，借入期間は 150 日であった。利息は 1 年を 365 日として日割計算する。
　ア．支払利息　イ．資本金　ウ．借入金　エ．発送日　オ．当座預金　カ．仕入

5．前期からの電子記録債権￥12,000 が貸倒れとなった。貸倒引当金の残高はゼロである。
　ア．支払手数料　イ．電子記録債権　ウ．売掛金　エ．貸倒引当金　オ．前払金
　カ．貸倒損失

6．臨時で株主総会を開催し，繰越利益剰余金残高￥600,000 から次のとおり処分することが承認された。なお，株主配当金はただちに普通預金口座から振り込んだ。
　　株式配当金　￥480,000　　利益準備金の積立　￥48,000

ア．繰越利益剰余金　イ．現金　ウ．借入金　エ．利益準備金　オ．普通預金
カ．支払手数料

7．売掛金¥792,000のうち¥672,000を得意先振り出しの小切手で回収し，残額の
　　¥120,000は得意先振り出しの約束手形で回収した。
ア．受取手形　イ．仮受金　ウ．現金　エ．受取商品券　オ．売掛金　カ．定期預金

8．得意先が倒産し，前年度の商品売上にかかわる売掛金¥36,000が回収できなくなっ
　　たので，貸倒れの処理を行う。なお，貸倒引当金の残高は¥30,000である。
ア．売掛金　イ．現金　ウ．貸倒引当金　エ．雑損　オ．貸倒損失　カ．未収入金

9．従業員の給料¥360,000から所得税の源泉徴収額¥42,000および従業員貸付金の元
　　本返済額¥60,000を差し引いた残額を当座預金口座から振り込んだ。
ア．現金　イ．従業員貸付金　ウ．売掛金　エ．給料　オ．当座預金
カ．所得税預り金

10．A株式会社に商品¥480,000（仕入原価¥300,000）を売り渡し，代金のうち¥120,000
　　は同社振り出しの小切手で，残額は同社振り出しの約束手形でそれぞれ受け取った。
ア．当座預金　イ．現金　ウ．売上　エ．仕入　オ．受取手形　カ．支払手数料

11．得意先に対する売掛金¥360,000につき，取引銀行より電子債権記録機関において
　　債権の発生記録が行われた旨の通知を受けた。
ア．現金　イ．売掛金　ウ．支払手数料　エ．買掛金　オ．電子記録債務
カ．電子記録債権

12．B物産株式会社は商品を仕入れ，品物とともに以下の納品書兼請求書を受け取り，
　　代金は掛けとした。

納品書 兼 請求書

B物産株式会社　御中

C商事株式会社

品　名	数　量	単　価	金　額
甲商品	12	5,000	¥60,000
乙商品	18	3,500	¥63,000
配送料			¥1,800
合　計			¥124,800

ア．買掛金　イ．売掛金　ウ．仕入　エ．当座預金　オ．発送費　カ．現金

13. 買掛金の支払いとして¥25,200の約束手形を振り出し，仕入先に対して郵送した。なお，郵便代金¥600は現金で支払った。

　ア．支払手数料　イ．買掛金　ウ．現金　エ．当座預金　オ．通信費　カ．当座預金

14. 仕入先に商品¥120,000を注文し，手付金として代金の20%を小切手を振り出して支払った。

　ア．前払金　イ．仕入　ウ．立替金　エ．現金　オ．当座預金　カ．前受金

15. 先月函館商店に掛売りした商品¥9,600が品違いのため返品され，掛代金から差し引くこととした。

　ア．普通預金　イ．売掛金　ウ．仮払金　エ．支払手形　オ．受取利息　カ．売上

| 第2問 | 問1　次の［資料］にもとづいて，（ア）から（エ）に入る適切な金額を解答用紙に記入しなさい。定額法にもとづき減価償却が行われており，減価償却費は月割計算によって計上する。なお，当社の決算日は毎年3月31日である。 |

［資料］

	取得日	取得原価	耐用年数	残存価額
備品A	×1年4月1日	¥120,000	5年	取得原価の10%
備品B	×3年12月1日	¥432,000	4年	ゼロ
備品C	×4年5月10日	¥216,000	3年	ゼロ

備　　　品

×4/4/1	前 期 繰 越	（　ア　）	×5/3/31	次 期 繰 越	（　　　）
5/10	当 座 預 金	（　イ　）			
	（　　　）			（　　　）	

減価償却累計額

×5/3/31	次 期 繰 越	（　　　）	×4/4/1	前 期 繰 越	（　ウ　）
			×5/3/31	減 価 償 却 費	（　エ　）
	（　　　）			（　　　）	

問2　当社（当期は×1年4月1日から×2年3月31日まで）における手数料の支払いが生じた取引および決算整理事項にもとづいて，解答用紙の支払手数料勘定と前払手数料勘定に必要な記入をして締め切りなさい。なお，勘定記入にあたっては，摘要および金額を取引日順に記入すること。ただし，摘要欄に記入する語句は下記の［語群］から最も適当と思われるものを選びなさい。

7月11日　未払金¥84,000を普通預金口座から支払った。そのさいに，振込手数料¥360が同口座から差し引かれた。

10月26日　建物¥1,440,000を購入し，代金は小切手を振り出して支払った。なお，仲介手数料¥18,000は不動産会社に現金で支払った。

3月1日　向こう3か月分の調査手数料¥72,000（1か月当たり¥24,000）を現金で支払い，その全額を支払手数料勘定で処理した。

3月31日　3月1日に支払った手数料のうち前払分を月割で計上した。

［語群］
ア．現金　イ．普通預金　ウ．建物　エ．前払手数料　オ．前期繰越　カ．損益
キ．支払手数料　ク．諸口　ケ．次期繰越　コ．未収金

支払手数料

7/11	(	)	(	)	3/31 (	) ( )
3/1	(	)	(	)	〃 (	) ( )
	(	)			(	)

前払手数料

3/31	(	) ( )	3/31 (	) ( )

第3問 次の［資料1］と［資料2］にもとづいて，貸借対照表および損益計算書を完成しなさい。なお，消費税の仮受け・仮払いは売上取引・仕入取引のみで行うものとする。会計期間は×1年4月1日から×2年3月31日までの1年間である。

［資料1］

決算整理前残高試算表

借　　方	勘　定　科　目	貸　　方
116,400	現　　　　　　金	
	当　座　預　金	236,400
1,093,200	普　通　預　金	
669,600	売　　掛　　金	
408,000	仮　払　消　費　税	
180,000	仮　払　法　人　税　等	
348,000	繰　越　商　品	
2,400,000	建　　　　　　物	
960,000	備　　　　　　品	
3,180,000	土　　　　　　地	
	買　　掛　　金	646,800
	仮　受　消　費　税	792,000
	貸　倒　引　当　金	6,000
	建物減価償却累計額	600,000
	備品減価償却累計額	240,000
	資　　本　　金	3,000,000
	繰　越　利　益　剰　余　金	1,764,000
	売　　　　　　上	7,920,000
	受　取　手　数　料	168,000
4,080,000	仕　　　　　　入	
1,800,000	給　　　　　　料	
66,000	旅　費　交　通　費	
72,000	保　　険　　料	
15,373,200		15,373,200

［資料2］決算整理事項等
1. 現金の手許有高は¥115,200であり，帳簿残高との差額は雑損または雑益とする。
2. 当座預金勘定の貸方残高の金額を借入金勘定に振り替える。なお，取引銀行とは借越限度額¥1,200,000の当座借越契約を締結している。
3. 売掛金¥189,600が普通預金口座に振り込まれていたが，この取引が未記帳であった。
4. 売掛金の期末残高に対して2%の貸倒引当金を差額補充法により設定する。

5．期末商品棚卸高は¥420,000 である。

6．有形固定資産について，次の要領で定額法により減価償却を行う。

　　建物：残存価額ゼロ，耐用年数 40 年

　　備品：残存価額ゼロ，耐用年数 5 年

　　なお，残高試算表の備品の金額のうち¥360,000 は×1年 10 月 1 日に取得したものである。新規取得分についても同様の条件で減価償却をするが，減価償却費は月割計算する。

7．受取手数料の前受分が¥24,000 ある。

8．消費税の処理（税抜方式）を行う。

9．保険料のうち¥57,600 は×1年 7 月 1 日に向こう 1 年分を支払ったものである。したがって，前払分を月割で計上する。

10．法人税，住民税及び事業税が¥588,000 と算定されたので，仮払法人税等との差額を未払法人税等として計上する。

第 **5** 回

解　答　186ページ
解答用紙　13ページ

第1問　下記の各取引について仕訳しなさい。ただし，勘定科目は，設問ごとに最も適当と思われるものを選び，解答用紙に解答する。なお，消費税は指示された問題のみ考慮すること。

1．建物および土地の固定資産税￥600,000の納付書を受け取り，未払金に計上することなく，ただちに当座預金口座から振り込んで納付した。
ア．現金　イ．租税公課　ウ．通信費　エ．当座預金　オ．仕入　カ．土地

2．かねて手形を振り出して借り入れていた￥1,200,000の返済期日をむかえ，同額が当座預金口座から引き落とされるとともに，手形の返却を受けた。
ア．手形借入金　イ．支払手形　ウ．未払金　エ．手形貸付金　オ．支払利息
カ．当座預金

3．従業員が出張から帰社し，旅費の精算を行ったところ，あらかじめ概算額で仮払いしていた￥60,000では足りず，不足額￥30,000を従業員が立替払いしていた。なお，この不足額は次の給料支払時に従業員へ支払うため，未払金として計上した。
ア．未払金　イ．貸付金　ウ．旅費交通費　エ．借入金　オ．仮払金　カ．通信費

4．1株当り￥120,000で15株の株式を発行し，合計￥1,800,000の払込みを受けて株式会社を設立した。払込金はすべて普通預金口座に預け入れた。
ア．繰越利益剰余金　イ．資本金　ウ．現金　エ．受取家賃　オ．雑損　カ．普通預金

5．事務用のオフィス機器￥660,000とコピー用紙￥6,000を購入し，代金の合計を普通預金口座から振り込んだ。
ア．消耗品費　イ．給料　ウ．普通預金　エ．仮払金　オ．備品　カ．建物

6．月末に金庫を実査したところ，紙幣￥120,000，硬貨￥6,960，得意先振り出しの小切手￥12,000，約束手形￥24,000，郵便切手￥1,200が保管されていたが，現金出納帳の残額は￥139,200であった。不一致の原因を調べたが原因は判明しなかったので，現金過不足勘定で処理することにした。
ア．通信費　イ．現金過不足　ウ．受取手形　エ．未払金　オ．現金　カ．当座預金

7. 出店用の土地 165m² を 1m² あたり￥24,000 で購入し，購入手数料￥120,000 を含む
代金の金額を後日支払うこととした。また，この土地の整地費用￥60,000 を現金で支
払った。
ア．現金　イ．発送費　ウ．未払金　エ．仕入　オ．買掛金　カ．土地

8. 従業員に対する給料￥240,000 について，所得税の源泉徴収額￥24,000 と従業員へ
の立替額￥12,000 を差し引き，残額を当座預金口座から従業員の預金口座へ振り替え
て支給した。
ア．給料　イ．貸付金　ウ．法定福利費　エ．所得税預り金　オ．当座預金
カ．従業員立替金

9. 銀行で当座預金口座を開設し，￥2,400,000 を普通預金口座からの振り替えにより
当座預金口座に入金した。また，小切手帳の交付を受け，手数料として￥2,400 を現
金で支払った。
ア．仮払金　イ．普通預金　ウ．支払手数料　エ．現金　オ．当座預金　カ．支払利息

10. A商店より商品￥180,000 を仕入れ，代金のうち￥84,000 は注文時に支払っていた
手付金を充当し，残額については約束手形を振り出して支払った。なお，商品の取引
運賃￥3,600 は現金で支払った。
ア．前払金　イ．当座預金　ウ．支払手形　エ．仕入　オ．受取手形　カ．現金

11. オフィスとして使用する物件を月額家賃￥300,000 で貸借する契約を結び，1 か月
分の家賃，敷金（家賃 2 か月分）および不動産業者への仲介手数料（家賃 1 か月分）を，
小切手を振り出して支払った。
ア．当座預金　イ．建物　ウ．支払手数料　エ．差入保証金　オ．支払手形
カ．支払家賃

12. 備品（取得原価￥960,000，残存価額ゼロ，耐用年数 6 年）を 3 年間使用してきたが，4
年目の期首に￥420,000 で売却し，代金は翌月末に受け取ることとした。減価償却費
は定額法で計算し，記帳は間接法を用いている。
ア．固定資産売却損　イ．備品減価償却累計額　ウ．売掛金　エ．備品　オ．未収入金
カ．固定資産売却益

13. 商品￥120,000 をクレジット払いの条件で販売した。なお，信販会社（カード会社）
のクレジット手数料（販売代金の 2%）は販売時に認識する。
ア．当座預金　イ．支払手数料　ウ．売上　エ．借入金　オ．支払利息
カ．クレジット売掛金

14. 株式会社B商事に商品を売り上げ，品物とともに次の納品書兼請求書を発送し，代金は掛けとした。なお，消費税については，税抜方式で記帳する。

<table>
<tr><td colspan="2">納品書 兼 請求書</td><td>×1年11月5日</td></tr>
<tr><td>株式会社B商事　御中</td><td></td><td>C商事株式会社</td></tr>
</table>

品　名	数　量	単　価	金　額
甲商品	180	200	¥36,000
乙商品	120	350	¥42,000
	消費税　（10%）		¥7,800
	合　計		¥85,800

ア．買掛金　イ．売上　ウ．仮払消費税　エ．売掛金　オ．未収入金　カ．仮受消費税

15. 従業員の健康保険料¥288,000を普通預金口座より納付した。このうち従業員負担分¥144,000は，給料支給時に控除した社会保険料の預り分であり，残額は会社負担分である。

ア．通信費　イ．社会保険料預り金　ウ．普通預金　エ．所得税預り金　オ．租税公課
カ．法定福利費

第2問　問1　甲株式会社の×1年6月の取引（一部）は次のとおりである。それぞれの日付の取引が解答用紙に示されたどの補助簿に記入されるか答えなさい。解答にあたっては，該当するすべての補助簿の欄に○印を付し，該当する補助簿が1つもない取引は「該当なし」の欄に○印を付すこと。なお，会計期間は×1年4月1日から×2年3月31日までの1年間である。

5日　乙商店に対して商品を¥960,000で売り渡し，代金のうち¥500,000は同店振り出しの小切手で受け取り，残額は掛けとした。なお，甲株式会社では受け取った小切手をただちにすべて当座預金口座へ預けており，現金出納帳には通貨の記録のみを行っている。

6日　先月に丙商店より建物を¥6,000,000で購入する契約をしていたが，本日その引き渡しを受けた。この引き渡しにともない，購入代金のうち¥600,000は契約時に仮払金勘定で処理していた手付金を充当し，残額は小切手を振り出して支払った。

16日　かねてA商店から仕入れていた商品¥180,000について品違いが見つかったため，同店へ返品し，掛け代金から差し引くこととした。

31日　①　先月末に発生した現金過不足¥24,000（借方残高）について，当座預金口座への預け入れが未記帳となっていたことが原因と判明した。

31日　②　乙商店に対する売掛金残高について，¥9,600の貸倒引当金を設定した。

問2　C株式会社は，日々の取引を入金伝票，出金伝票および振替伝票の3種類の伝票に記入し，これを1日分ずつ集計して仕訳日計表を作成し，この仕訳日計表から総勘定元帳に転記している。同社の×1年11月1日の取引について作成された次の各伝票（略式）にもとづいて，解答用紙の仕訳日計表を作成し，総勘定元帳の現金勘定へ転記しなさい。

入金伝票　　No.101	
売掛金（A商店）	36,000

入金伝票　　No.102	
売　　　上	48,000

出金伝票　　No.201	
買掛金（B商店）	27,600

出金伝票　　No.202	
買掛金（C商店）	19,200

出金伝票　　No.203	
水道光熱費	10,800

振替伝票　　No.301	
売掛金（A商店）	96,000
売　　　上	96,000

振替伝票　　No.302	
受取手形	28,800
売掛金（D商店）	28,800

振替伝票　　No.303	
仕　　　入	63,600
買掛金（C商店）	63,600

現　　金

×1/11/1	前月繰越	93,600	×1/11/1	仕訳日計表	（　　　　　）
〃	仕訳日計表	（　　　　　）			

第3問　当社（会計期間は×1年4月1日から×2年3月31日までの1年間）の (1) 決算整理前残高試算表および (2) 決算整理事項等にもとづいて，貸借対照表および損益計算書を完成しなさい。なお，消費税の仮受け・仮払いは，売上時・仕入時のみ行うものとする。

(1)

決算整理前残高試算表

借　　方	勘　定　科　目	貸　　方
1,876,800	現　　　　　金	
5,538,000	当　座　預　金	
678,000	受　取　手　形	
7,722,000	売　　掛　　金	
480,000	仮　　払　　金	
2,970,000	仮　払　消　費　税	
780,000	仮　払　法　人　税　等	
2,160,000	繰　越　商　品	
3,600,000	貸　　付　　金	
5,400,000	備　　　　　品	
	買　　掛　　金	5,544,000
	仮　　受　　金	42,000
	仮　受　消　費　税	4,953,600
	貸　倒　引　当　金	62,400
	借　　入　　金	1,200,000
	備品減価償却累計額	2,115,000
	資　　本　　金	2,400,000
	繰　越　利　益　剰　余　金	1,900,800
	売　　　　　上	49,536,000
	受　取　利　息	108,000
29,700,000	仕　　　　　入	
3,000,000	給　　　　　料	
495,000	減　価　償　却　費	
162,000	発　　送　　費	
2,880,000	支　払　家　賃	
420,000	通　　信　　費	
67,861,800		67,861,800

(2)　決算整理事項等

1．仮受金はかつて倒産した得意先に対する売掛金にかかる入金である事が判明した。
　なお，この売掛金は前記に貸倒処理済みである。

2．当社では商品の発送費について，1 か月分をまとめて翌月に支払う契約を配送業者
　と結んでいる。× 2 年 3 月分の発送費は¥12,000 であったため，期末に費用計上する。

3．受取手形と売掛金の期末残高に対して 1％の貸倒引当金を差額補充法により設定す
　る。

4．期末商品棚卸高は¥2,118,000 である。

5．郵便切手の未使用分¥15,600 を貯蔵品勘定に振り替える。

6．備品について，残存価額をゼロ，耐用年数を 10 年とする定額法により減価償却を
　行う。なお，当社では減価償却費を毎月末に 1 か月分を計上している。

7．消費税の処理（税抜方式）を行う。

8．貸付金は× 1 年 12 月 1 日に期間 1 年，利率年 3％の条件で貸し付けたものであり，
　利息は貸付時に全額受け取っている。そこで，利息について月割により適切に処理す
　る。

9．仮払金は× 2 年 4 月分と 5 月分の 2 か月分の家賃が× 2 年 3 月 28 日に当座預金口
　座から引き落とされたものであることが判明した。そこで，家賃の前払分として処理
　する。

10．法人税等が¥1,020,000 と計算されたので，仮払法人税等との差額を未払法人税等
　として計上する。

第2編　解答・解説

第1回　解答

問　題　137ページ

第1問

	借　方　科　目	金　額	貸　方　科　目	金　額
1	手　形　貸　付　金	720,000	普　通　預　金 受　取　利　息	712,800 7,200
2	前　　受　　金 売　　掛　　金 発　　送　　費	48,000 471,600 6,000	売　　　　　上 現　　　　　金	519,600 6,000
3	貸　倒　引　当　金 貸　倒　損　失	60,000 96,000	売　　掛　　金	156,000
4	広　告　宣　伝　費 支　払　手　数　料	42,000 360	普　通　預　金	42,360
5	備品減価償却累計額 未　収　入　金 固　定　資　産　売　却　損	672,000 24,000 144,000	備　　　　　品	840,000
6	給　　　　　料	183,600	所　得　税　預　り　金 普　通　預　金	3,600 180,000
7	仕　　　　　入	336,000	当　座　預　金 支　払　手　形	96,000 240,000
8	備　　　　　品	672,000	当　座　預　金 未　　払　　金	312,000 360,000
9	受　取　商　品　券 現　　　　　金	12,000 6,000	売　　　　　上	18,000
10	買　　掛　　金 支　払　手　数　料	840,000 1,200	普　通　預　金	841,200
11	法人税, 住民税及び事業税	420,000	未　払　法　人　税　等	420,000

12	当 座 預 金	228,000	受 取 手 形	228,000
13	現　　　　金	612,000	貸 付 金 受 取 利 息	600,000 12,000
14	当 座 預 金	102,000	前 受 金 仮 受 金	72,000 30,000
15	仮 受 消 費 税	498,000	仮 払 消 費 税 未 払 消 費 税	216,000 282,000

第2問

問1

(1)

当座預金

5/(13)（売　掛　金）（ 540,000）	5/(1)（当 座 借 越）（ 180,000）
(25)（未 収 入 金）（ 421,200）	(7)（仕　　　入）（ 300,000）
	(18)（現　　　金）（ 120,000）
	(27)（諸　　　口）（ 363,600）

【解説】

	借 方 科 目	金 額	貸 方 科 目	金 額
5月1日	当 座 借 越	180,000	当 座 預 金	180,000
7日	仕　　　入	600,000	当 座 預 金 買 掛 金	300,000 300,000
13日	当 座 預 金	540,000	売 掛 金	540,000
18日	現　　　金	120,000	当 座 預 金	120,000
25日	当 座 預 金	421,200	未 収 入 金	421,200
27日	借 入 金 支 払 利 息	360,000 3,600	当 座 預 金	363,600
＊ 360,000 円 × 1.2% × $\dfrac{10\,か月}{12\,か月}$ ＝ 3,600 円			

問2

①	300,000	②	受取手形	③	売　　上
④	記入なし	⑤	仮 払 金		

【解説】

		借　方　科　目	金　　額		貸　方　科　目	金　　額
(1)		受　取　手　形	100,000		売　　　　　上	400,000
		現　　　　　金	300,000			
入金伝票						
		現　　　　　金	300,000	①	売　　　　　上	300,000
振替伝票						
	②	受　取　手　形	100,000	③	売　　　　　上	100,000
(2)		仮　　払　　金	10,000		現　　　　　金	10,000
	＊処理済　出金伝票					
振替伝票（未処理）						
		旅　費　交　通　費	4,000	⑤	仮　　払　　金	4,000

第3問

	借　方　科　目	金　　額	貸　方　科　目	金　　額
1	通　信　費 雑　　　　損	4,320 480	現　　　　　金	4,800
	＊帳簿 676,800 円 − 実際 672,000 円 = 4,800 円			
2	仮　受　金	80,400	売　掛　金	80,400
3	買　掛　金 土　　　　地	432,000 432,000	土　　　　地 未　払　金	432,000 432,000
	＊購入時（土　地）432,000　（買掛金）432,000 　修　正（買掛金）432,000　（土　地）432,000 　　〃　（土　地）432,000　（未払金）432,000			
4	貸　倒　引　当　金　繰　入	16,800	貸　倒　引　当　金	16,800
	＊売掛金 1,040,400 円 − 80,400 円 = 960,000 円 　　960,000 円 × 3% − 12,000 円 = 16,800 円			
5	仕　　　　入 繰　越　商　品	327,600 226,800	繰　越　商　品 仕　　　　入	327,600 226,800
6	減　価　償　却　費	216,000	建物減価償却累計額 備品減価償却累計額	120,000 96,000
	＊建物 3,600,000 円 ÷ 30 年 = 120,000 円 　備品 480,000 円 ÷ 5 年 = 96,000 円			
7	仮　受　消　費　税	840,000	仮　払　消　費　税 未　払　消　費　税	456,000 384,000
8	前　払　家　賃	96,000	支　払　家　賃	96,000
	＊ $288,000 \text{ 円} \times \dfrac{2 \text{ か月}}{6 \text{ か月}} = 96,000 \text{ 円}$			
9	支　払　利　息	3,600	未　払　利　息	3,600
	＊ $720,000 \text{ 円} \times 2\% \times \dfrac{3 \text{ か月}}{12 \text{ か月}} = 3,600 \text{ 円}$			
10	未　収　手　数　料	36,000	受　取　手　数　料	36,000
11	法人税, 住民税及び事業税	511,200	未　払　法　人　税　等	511,200

精 算 表

勘定科目	残高試算表 借方	残高試算表 貸方	修正記入 借方	修正記入 貸方	損益計算書 借方	損益計算書 貸方	貸借対照表 借方	貸借対照表 貸方
現　　　　金	676,800			4,800			672,000	
当 座 預 金	801,600						801,600	
売 　掛 　金	1,040,400			80,400			960,000	
仮 払 消 費 税	456,000			456,000				
繰 越 商 品	327,600		226,800	327,600			226,800	
建　　　　物	3,600,000						3,600,000	
備　　　　品	480,000						480,000	
土　　　　地	432,000		432,000	432,000			432,000	
買 　掛 　金		960,000	432,000					528,000
仮 　受 　金		80,400	80,400					
仮 受 消 費 税		840,000	840,000					
借 　入 　金		720,000						720,000
貸 倒 引 当 金		12,000		16,800				28,800
建物減価償却累計額		600,000		120,000				720,000
備品減価償却累計額		192,000		96,000				288,000
資 　本 　金		2,000,000						2,000,000
繰越利益剰余金		456,000						456,000
売　　　　上		8,400,000				8,400,000		
受 取 手 数 料		99,600		36,000		135,600		
仕 　　　　入	4,560,000		327,600	226,800	4,660,800			
給　　　　料	1,112,000				1,112,000			
支 払 家 賃	672,000			96,000	576,000			
水 道 光 熱 費	156,000				156,000			
通 　信 　費	34,800		4,320		39,120			
支 払 利 息	10,800		3,600		14,400			
	14,360,000	14,360,000						
雑 　　　　損			480		480			
未 　払 　金				432,000				432,000
貸倒引当金繰入			16,800		16,800			
減 価 償 却 費			216,000		216,000			
未 払 消 費 税				384,000				384,000
前 払 家 賃			96,000				96,000	
未 払 利 息				3,600				3,600
未 収 手 数 料			36,000				36,000	
法人税, 住民税及び事業税			511,200		511,200			
未 払 法 人 税 等				511,200				511,200
当 期 純 利 益					1,232,800			1,232,800
			3,223,200	3,223,200	8,535,600	8,535,600	7,304,400	7,304,400

第2回　解答

問　題　142 ページ

第1問

	借 方 科 目	金　額	貸 方 科 目	金　額
1	土　　　　　地	50,100,000	未　払　　金 普 通 預 金	49,500,000 600,000
2	損　　　　　益	3,360,000	仕　　　　　入	3,360,000
3	現 金 過 不 足 旅 費 交 通 費	12,000 8,400	受 取 手 数 料 雑　　　　　益	18,000 2,400
4	建　　　　　物 修　　繕　　費	19,200,000 4,800,000	普 通 預 金	24,000,000
5	租 税 公 課	9,600	現　　　　　金	9,600
6	売　　掛　　金	299,640	売　　　　　上 仮 受 消 費 税	272,400 27,240
7	所 得 税 預 り 金	112,800	現　　　　　金	112,800
8	仕　　　　　入	168,000	支 払 手 形 買　　掛　　金	108,000 60,000
9	損　　　　　益	1,800,000	繰 越 利 益 剰 余 金	1,800,000
10	当 座 預 金 D 銀 行	60,000	当 座 預 金 C 銀 行	60,000
11	未 払 法 人 税 等	540,000	普 通 預 金	540,000
12	電 子 記 録 債 務	120,000	当 座 預 金	120,000
13	当 座 預 金	60,000	クレジット売掛金	60,000
14	支 払 手 形	240,000	当 座 預 金	240,000
15	租 税 公 課 通　信　費	9,600 1,968	貯　蔵　品	11,568

第2問

問1

支 払 利 息

6/30	（普 通 預 金）	（	10,800）	12/31	（損　　　　益）	（ 31,200）
12/31	普 通 預 金	（	10,800）			
〃	（未 払 利 息）	（	9,600）			
		（	31,200）			（ 31,200）

未 払 利 息

12/31	（次 期 繰 越）	（ 9,600）	12/31　（支 払 利 息）	（ 9,600）
			1/1　前 期 繰 越	（ 9,600）

【解説】

	借 方 科 目	金 額	貸 方 科 目	金 額
1月1日	普 通 預 金	1,440,000	借 入 金	1,440,000
6月30日	支 払 利 息	10,800	普 通 預 金	10,800
	* $1,440,000 円 × 1.5\% × \dfrac{6}{12} = 10,800 円$			
9月1日	普 通 預 金	2,400,000	借 入 金	2,400,000
12月31日	支 払 利 息 支 払 利 息	10,800 9,600	普 通 預 金 未 払 利 息	10,800 9,600
	* $1,440,000 円 × 1.5\% × \dfrac{6}{12} = 10,800 円$ * $2,400,000 円 × 1.2\% × \dfrac{4}{12} = 9,600 円$			

問2

①	②	③	④	⑤
オ	ウ	ソ	シ	エ
⑥	⑦	⑧	⑨	⑩
コ	ア	イ	キ	ス

第3問

	借 方 科 目	金 額	貸 方 科 目	金 額
1	受 取 手 形	330,000	売　　　　　上 仮 受 消 費 税	300,000 30,000
2	仮 受 金 支 払 手 数 料	83,280 720	売 掛 金	84,000
3	貸 倒 引 当 金 繰 入	8,940	貸 倒 引 当 金	8,940
	＊｛(84,000 円＋ 330,000 円)　＋（924,000 円－ 84,000 円)｝　×1% ＝ 12,540 円 　　　　　受取手形　　　　　　　　売掛金 　　　12,540 円－ 3,600 円＝ 8,940 円			
4	仕　　　　　入 繰 越 商 品	528,000 480,000	繰 越 商 品 仕　　　　　入	528,000 480,000
5	貯 蔵 品	21,600	租 税 公 課	21,600
6	減 価 償 却 費	240,000	建物減価償却累計額 備品減価償却累計額	120,000 120,000
	＊建物　2,640,000 円÷ 22 年＝ 120,000 円 　備品　480,000 円÷ 4 年＝ 120,000 円			
7	仮 受 消 費 税	1,111,200	仮 払 消 費 税 未 払 消 費 税	702,000 409,200
8	法 定 福 利 費	12,000	未 払 法 定 福 利 費	12,000
9	前 払 利 息	48,000	支 払 利 息	48,000
	＊1,800,000 円× 4% ＝ 72,000 円 　72,000 円× $\frac{8 か月}{12 か月}$ ＝ 48,000 円			
10	法 人 税 等	240,000	未 払 法 人 税 等	240,000

決算整理後残高試算表

借　方	勘　定　科　目	貸　方
372,000	現　　　　　金	
576,000	当　座　預　金	
414,000	受　取　手　形	
840,000	売　　掛　　金	
480,000	繰　越　商　品	
48,000	前　払　利　息	
2,640,000	建　　　　　物	
480,000	備　　　　　品	
2,540,000	土　　　　　地	
21,600	貯　　蔵　　品	
	買　　掛　　金	656,000
	借　　入　　金	1,800,000
	未　払　消　費　税	409,200
	未　払　法　人　税　等	240,000
	未　払　法　定　福　利　費	12,000
	所　得　税　預　り　金	21,600
	貸　倒　引　当　金	12,540
	建物減価償却累計額	360,000
	備品減価償却累計額	480,000
	資　　本　　金	3,300,000
	繰　越　利　益　剰　余　金	340,320
	売　　　　　上	12,312,000
7,848,000	仕　　　　　入	
2,640,000	給　　　　　料	
8,940	貸　倒　引　当　金　繰　入	
240,000	減　価　償　却　費	
252,000	法　定　福　利　費	
72,720	支　払　手　数　料	
158,400	租　税　公　課	
72,000	支　払　利　息	
240,000	法　人　税　等	
19,943,660		19,943,660

(参考)

精　算　表

勘定科目	残高試算表 借方	残高試算表 貸方	修正記入 借方	修正記入 貸方	損益計算書 借方	損益計算書 貸方	貸借対照表 借方	貸借対照表 貸方
現　　　　金	372,000						372,000	
当 座 預 金	576,000						576,000	
受 取 手 形	84,000		330,000				414,000	
売 　掛　 金	924,000			84,000			840,000	
仮 払 消 費 税	702,000			702,000				
繰 越 商 品	528,000		480,000	528,000			480,000	
建　　　　物	2,640,000						2,640,000	
備　　　　品	480,000						480,000	
土　　　　地	2,540,000						2,540,000	
買 　掛　 金		656,000						656,000
仮 　受　 金		83,280	83,280					
仮 受 消 費 税		1,081,200	1,111,200	30,000				
借 　入　 金		1,800,000						1,800,000
所 得 税 預 り 金		21,600						21,600
貸 倒 引 当 金		3,600		8,940				12,540
建物減価償却累計額		240,000		120,000				360,000
備品減価償却累計額		360,000		120,000				480,000
資 　本　 金		3,300,000						3,300,000
繰越利益剰余金		340,320						340,320
売　　　　上		12,012,000		300,000		12,312,000		
仕　　　　入	7,800,000		528,000	480,000	7,848,000			
給　　　　料	2,640,000				2,640,000			
法 定 福 利 費	240,000		12,000		252,000			
支 払 手 数 料	72,000		720		72,720			
租 税 公 課	180,000			21,600	158,400			
支 払 利 息	120,000			48,000	72,000			
	19,898,000	19,898,000						
貯 蔵 品			21,600				21,600	
貸倒引当金繰入			8,940		8,940			
減 価 償 却 費			240,000		240,000			
未 払 消 費 税				409,200				409,200
前 払 利 息			48,000				48,000	
未払法定福利費				12,000				12,000
法 人 税 等			240,000		240,000			
未払法人税等				240,000				240,000
当 期 純 利 益					779,940			779,940
			3,103,740	3,103,740	12,312,000	12,312,000	8,411,600	8,411,600

第 3 回　解答

問　題　148ページ

第1問

	借 方 科 目	金 額	貸 方 科 目	金 額
1	売 上	420,000	売 掛 金	420,000
2	仕 入	1,020,000	買 掛 金	1,020,000
3	建 物 土 地	1,236,000 3,708,000	普 通 預 金	4,944,000
4	旅 費 交 通 費 消 耗 品 費	13,500 6,000	未 払 金	19,500
5	借 入 金 支 払 利 息	240,000 3,600	普 通 預 金	243,600
6	当 座 預 金	360,000	当 座 借 越	360,000
7	現 金	497,280	貸 付 金 受 取 利 息	480,000 17,280
8	現 金	60,000	受 取 商 品 券	60,000
9	仕 入	134,400	買 掛 金	134,400
10	仕 入	98,400	前 払 金 買 掛 金 現 金	28,800 67,200 2,400
11	買 掛 金	480,000	電 子 記 録 債 務	480,000
12	仮 受 消 費 税	110,400	仮 払 消 費 税 未 払 消 費 税	51,600 58,800
13	備 品	2,556,000	未 払 金	2,556,000
14	仮 受 金 固 定 資 産 売 却 損	1,800,000 240,000	土 地	2,040,000
15	受 取 手 形 当 座 預 金	216,000 120,000	売 掛 金	336,000

第2問

問1

(1)

商　品　有　高　帳
A　商　品

×1年		摘　　要	受　　入			払　　出			残　　高		
			数量	単価	金額	数量	単価	金額	数量	単価	金額
8	1	前月繰越	80	420	33,600				80	420	33,600
	8	仕　　入	200	434	86,800				280	430	120,400
	15	売　　上				230	430	98,900	50	430	21,500
	22	仕　　入	250	442	110,500				300	440	132,000
	29	売　　上				250	440	110,000	50	440	22,000
	31	次月繰越				50	440	22,000			
			530		230,900	530		230,900			

(2)

売　上　高	売上原価	売上総利益
¥　312,000	¥　208,900	¥　103,100

【解説】

1日　繰　越　80個×@420円＝33,600円

8日　仕　入　200個×@434円＝86,800円

　　　　（33,600円＋86,800円）÷（80個＋200個）＝@430円

15日　売　上　230個×@650円＝149,500円

22日　仕　入　250個×@442円＝110,500円

　　　　（21,500円＋110,500円）÷（50個＋250個）＝@440円

29日　売　上　250個×@650円＝162,500円

31日　繰　越　50個×@440円＝22,000円

売　上　高　149,500円＋162,500円＝312,000円

売　上　原　価　98,900円＋110,000円＝208,900円

売上総利益　312,000円－208,900円＝103,100円

問2

①	②	③	④	⑤
貸借対照表	試算表	修繕費	建物	土地

第3問

	借　方　科　目	金　　額	貸　方　科　目	金　　額
1	普　通　預　金	48,000	売　　掛　　金	48,000
2	仕　　　　　入 仮　払　消　費　税	48,000 4,800	買　　掛　　金	52,800
3	仮　　受　　金 雑　　　　　損	36,000 6,000	現　金　過　不　足	42,000
4	仕　　　　　入 繰　越　商　品	444,000 408,000	繰　越　商　品 仕　　　　　入	444,000 408,000
5	減　価　償　却　費	266,400	建物減価償却累計額 備品減価償却累計額	86,400 180,000
	＊建物　2,400,000円×0.9÷25年＝86,400円 　　備品　1,440,000円÷8年＝180,000円			
6	仮　受　消　費　税	468,000	仮　払　消　費　税 未　払　消　費　税	360,000 108,000
7	貸　倒　引　当　金　繰　入	4,800	貸　倒　引　当　金	4,800
	＊（708,000円－48,000円）×2%－8,400円＝4,800円			
8	未　収　利　息	4,500	受　取　利　息	4,500
	＊600,000円×3%×$\frac{3か月}{12か月}$＝4,500円			
9	給　　　　　料	12,000	未　払　給　料	12,000
10	受　取　地　代	4,080	前　受　地　代	4,080

決算整理後残高試算表

×2年3月31日

借　方	勘 定 科 目	貸　方
1,500,000	現　　　　　　金	
1,528,000	普　通　預　金	
660,000	売　　掛　　金	
408,000	繰　越　商　品	
600,000	貸　　付　　金	
2,400,000	建　　　　　物	
1,440,000	備　　　　　品	
612,000	土　　　　　地	
4,500	未　収　利　息	
	買　　掛　　金	652,800
	前　受　地　代	4,080
	未　払　消　費　税	108,000
	未　払　給　料	12,000
	貸　倒　引　当　金	13,200
	建物減価償却累計額	950,400
	備品減価償却累計額	1,260,000
	資　　本　　金	4,000,000
	繰　越　利　益　剰　余　金	2,176,560
	売　　　　　上	4,680,000
	受　取　地　代	48,960
	受　取　利　息	22,500
3,636,000	仕　　　　　入	
672,000	給　　　　　料	
36,000	保　　険　　料	
112,800	支　払　家　賃	
42,000	支　払　手　数　料	
4,800	貸　倒　引　当　金　繰　入	
266,400	減　価　償　却　費	
6,000	雑　　　　　損	
13,928,500		13,928,500

（参考）

精　算　表

勘定科目	残高試算表 借方	残高試算表 貸方	修正記入 借方	修正記入 貸方	損益計算書 借方	損益計算書 貸方	貸借対照表 借方	貸借対照表 貸方
現　　　金	1,500,000						1,500,000	
現 金 過 不 足	42,000			42,000				
普 通 預 金	1,480,000		48,000				1,528,000	
売 掛 金	708,000			48,000			660,000	
仮 払 消 費 税	355,200		4,800	360,000				
繰 越 商 品	444,000		408,000	444,000			408,000	
貸 付 金	600,000						600,000	
建 物	2,400,000						2,400,000	
備 品	1,440,000						1,440,000	
土 地	612,000						612,000	
買 掛 金		600,000		52,800				652,800
仮 受 金		36,000	36,000					
仮 受 消 費 税		468,000	468,000					
貸 倒 引 当 金		8,400		4,800				13,200
建物減価償却累計額		864,000		86,400				950,400
備品減価償却累計額		1,080,000		180,000				1,260,000
資 本 金		4,000,000						4,000,000
繰越利益剰余金		2,176,560						2,176,560
売 上		4,680,000				4,680,000		
受 取 地 代		53,040	4,080			48,960		
受 取 利 息		18,000		4,500		22,500		
仕 入	3,552,000		48,000	408,000				
			444,000		3,636,000			
給 料	660,000		12,000		672,000			
保 険 料	36,000				36,000			
支 払 家 賃	112,800				112,800			
支 払 手 数 料	42,000				42,000			
	13,984,000	13,984,000						
雑 損			6,000		6,000			
減 価 償 却 費			266,400		266,400			
未 払 消 費 税				108,000				108,000
貸倒引当金繰入			4,800		4,800			
未 収 利 息			4,500				4,500	
未 払 給 料				12,000				12,000
前 受 地 代				4,080				4,080
当 期 純 損 失						24,540	24,540	
			1,754,580	1,754,580	4,776,000	4,776,000	9,177,040	9,177,040

第**4**回　解答

問　題　154ページ

第1問

	借 方 科 目	金 額	貸 方 科 目	金 額
1	貯　蔵　品	12,984	租 税 公 課 通 信 費	12,000 984
2	社会保険料預り金 法 定 福 利 費	54,000 54,000	普 通 預 金	108,000
3	修　繕　費	276,000	未 払 金	276,000
4	借 入 金 支 払 利 息	2,400,000 21,600	当 座 預 金	2,421,600
5	貸 倒 損 失	12,000	電 子 記 録 債 権	12,000
6	繰越利益剰余金	528,000	利 益 準 備 金 普 通 預 金	48,000 480,000
7	現　金 受 取 手 形	672,000 120,000	売 掛 金	792,000
8	貸 倒 引 当 金 貸 倒 損 失	30,000 6,000	売 掛 金	36,000
9	給　料	360,000	所 得 税 預 り 金 従 業 員 貸 付 金 当 座 預 金	42,000 60,000 258,000
10	現　金 受 取 手 形	120,000 360,000	売 上	480,000
11	電 子 記 録 債 権	360,000	売 掛 金	360,000
12	仕　入	124,800	買 掛 金	124,800
13	買 掛 金 通 信 費	25,200 600	支 払 手 形 現 金	25,200 600
14	前 払 金	24,000	当 座 預 金	24,000
15	売 上	9,600	売 掛 金	9,600

第2問

問1

（ア）	（イ）	（ウ）	（エ）
552,000	216,000	100,800	195,600

【解説】

備品A　120,000円×0.9÷5年＝21,600円　①

備品B　432,000円÷4年＝108,000円　②

備品C　当期5月1日購入時

　　　　（備　　品）216,000　　（当座預金）216,000　イ

　　　　$216,000円÷3年×\dfrac{11}{12}＝66,000円$　③

　　　　（減価償却費）195,600　　（減価償却累計額）195,600

　　　　※①＋②＋③＝195,600円　エ

ア＝120,000円＋432,000円＝552,000円

$ウ＝①×3年＋②×\dfrac{4}{12}＝100,800円$

問2

支払手数料

7/11	（普 通 預 金）	（ 360）	3/31	（前 払 手 数 料）	（ 48,000）
3/1	（現 　 　 金）	（ 72,000）	〃	（損 　 益）	（ 24,360）
		（ 72,360）			（ 72,360）

前払手数料

3/31	（支 払 手 数 料）	（ 48,000）	3/31	（次 期 繰 越）	（ 48,000）

【解説】

	借 方 科 目	金 額	貸 方 科 目	金 額
7月11日	未 払 金 支 払 手 数 料	84,000 360	普 通 預 金	84,360
10月26日	建 物	1,458,000	当 座 預 金 現 金	1,440,000 18,000
3月1日	支 払 手 数 料	72,000	現 金	72,000
3月31日	前 払 手 数 料	48,000	支 払 手 数 料	48,000

第3問

	借 方 科 目	金 額	貸 方 科 目	金 額
1	雑　　　　　　損	1,200	現　　　　　　金	1,200
	＊帳簿 116,400 円 − 手許 115,200 円 = 1,200 円			
2	当 座 預 金	236,400	借　　入　　金	236,400
3	普 通 預 金	189,600	売　　掛　　金	189,600
4	貸 倒 引 当 金 繰 入	3,600	貸 倒 引 当 金	3,600
	＊ （669,600 円 − 189,600 円）× 2% − 6,000 円 = 3,600 円			
5	仕　　　　　　入 繰 越 商 品	348,000 420,000	繰 越 商 品 仕　　　　　　入	348,000 420,000
6	減 価 償 却 費	216,000	建物減価償却累計額 備品減価償却累計額	60,000 156,000
	＊建物　2,400,000 円 ÷ 40 年 = 60,000 円 　備品　960,000 円 − 360,000 円 = 600,000 円 　　旧　600,000 円 ÷ 5 年 = 120,000 円 　　新　$360,000 \text{ 円} ÷ 5 \text{ 年} × \dfrac{6 \text{ か月}}{12 \text{ か月}} = 36,000 \text{ 円}$			
7	受 取 手 数 料	24,000	前 受 手 数 料	24,000
8	仮 受 消 費 税	792,000	仮 払 消 費 税 未 払 消 費 税	408,000 384,000
9	前 払 保 険 料	14,400	保　　険　　料	14,400
	＊ $57,600 \text{ 円} × \dfrac{3 \text{ か月}}{12 \text{ か月}} = 14,400 \text{ 円}$			
10	法 人 税 等	588,000	仮 払 法 人 税 等 未 払 法 人 税 等	180,000 408,000

貸 借 対 照 表
×2年3月31日

現　　　　　　金		(115,200)
普　通　預　金		(1,282,800)
売　　掛　　金	(480,000)	
貸 倒 引 当 金	(△9,600)	(470,400)
商　　　　　品		(420,000)
前　払　費　用		(14,400)
建　　　　　物	(2,400,000)	
減価償却累計額	(△660,000)	(1,740,000)
備　　　　　品	(960,000)	
減価償却累計額	(△396,000)	(564,000)
土　　　　　地		(3,180,000)
		(7,786,800)

買　　掛　　金	(646,800)
借　　入　　金	(236,400)
未 払 消 費 税	(384,000)
未 払 法 人 税 等	(408,000)
前　受　収　益	(24,000)
資　　本　　金	(3,000,000)
繰越利益剰余金	(3,087,600)
	(7,786,800)

損 益 計 算 書
×1年4月1日から×2年3月31日まで

売　上　原　価	(4,008,000)
給　　　　料	(1,800,000)
旅　費　交　通　費	(66,000)
保　　険　　料	(57,600)
貸 倒 引 当 金 繰 入	(3,600)
減　価　償　却　費	(216,000)
雑　　　　損	(1,200)
法人税, 住民税及び事業税	(588,000)
当 期 純（利 益）	(1,323,600)
	(8,064,000)

売　　上　　高	(7,920,000)
受 取 手 数 料	(144,000)
	(8,064,000)

（参考）

精　算　表

勘定科目	残高試算表 借方	残高試算表 貸方	修正記入 借方	修正記入 貸方	損益計算書 借方	損益計算書 貸方	貸借対照表 借方	貸借対照表 貸方
現　　　　金	116,400			1,200			115,200	
当 座 預 金		236,400	236,400					
普 通 預 金	1,093,200		189,600				1,282,800	
売 　掛 　金	669,600			189,600			480,000	
仮 払 消 費 税	408,000			408,000				
仮 払 法 人 税 等	180,000			180,000				
繰 越 商 品	348,000		420,000	348,000			420,000	
建　　　　物	2,400,000						2,400,000	
備　　　　品	960,000						960,000	
土　　　　地	3,180,000						3,180,000	
買 　掛 　金		646,800						646,800
借 　入 　金				236,400				236,400
仮 受 消 費 税		792,000	792,000					
貸 倒 引 当 金		6,000		3,600				9,600
建物減価償却累計額		600,000		60,000				660,000
備品減価償却累計額		240,000		156,000				396,000
資 　本 　金		3,000,000						3,000,000
繰越利益剰余金		1,764,000						1,764,000
売　　　　上		7,920,000				7,920,000		
受 取 手 数 料		168,000	24,000			144,000		
仕　　　　入	4,080,000		348,000	420,000	4,008,000			
給　　　　料	1,800,000				1,800,000			
旅 費 交 通 費	66,000				66,000			
保 　険 　料	72,000			14,400	57,600			
	15,373,200	15,373,200						
雑　　　　損			1,200		1,200			
減 価 償 却 費			216,000		216,000			
未 払 消 費 税				384,000				384,000
貸倒引当金繰入			3,600		3,600			
前 払 保 険 料			14,400				14,400	
未 払 法 人 税 等				408,000				408,000
法 人 税 等			588,000		588,000			
前 受 手 数 料				24,000				24,000
当 期 純 利 益					1,323,600			1,323,600
			2,833,200	2,833,200	8,064,000	8,064,000	8,852,400	8,852,400

第5回　解答

問　題　160ページ

第1問

	借　方　科　目	金　額	貸　方　科　目	金　額
1	租　税　公　課	600,000	当　座　預　金	600,000
2	手　形　借　入　金	1,200,000	当　座　預　金	1,200,000
3	旅　費　交　通　費	90,000	仮　　払　　金 未　　払　　金	60,000 30,000
4	普　通　預　金	1,800,000	資　　本　　金	1,800,000
5	備　　　　品 消　耗　品　費	660,000 6,000	普　通　預　金	666,000
6	現　金　過　不　足	240	現　　　　金	240
7	土　　　　地	4,140,000	未　　払　　金 現　　　　金	4,080,000 60,000
8	給　　　　料	240,000	所　得　税　預　り　金 従　業　員　立　替　金 当　座　預　金	24,000 12,000 204,000
9	当　座　預　金 支　払　手　数　料	2,400,000 2,400	普　通　預　金 現　　　　金	2,400,000 2,400
10	仕　　　　入	183,600	前　　払　　金 支　払　手　形 現　　　　金	84,000 96,000 3,600
11	支　払　家　賃 差　入　保　証　金 支　払　手　数　料	300,000 600,000 300,000	当　座　預　金	1,200,000
12	備品減価償却累計額 未　収　入　金 固　定　資　産　売　却　損	480,000 420,000 60,000	備　　　　品	960,000
13	クレジット売掛金 支　払　手　数　料	117,600 2,400	売　　　　上	120,000
14	売　　掛　　金	85,800	売　　　　上 仮　受　消　費　税	78,000 7,800
15	社　会　保　険　料　預　り　金 法　定　福　利　費	144,000 144,000	普　通　預　金	288,000

第2問

問1

補助簿\日付	現金出納帳	当座預金出納帳	商品有高帳	売掛金元帳(得意先元帳)	買掛金元帳(仕入先元帳)	仕入帳	売上帳	該当なし
5日		○	○	○			○	
6日		○						
16日			○		○	○		
31日①		○						
31日②								○

【解説】

	借方科目	金額	貸方科目	金額
5日	当座預金\n売掛金	500,000\n460,000	売　上	960,000
6日	建物	6,000,000	仮払金\n当座預金	600,000\n5,400,000
16日	買掛金	180,000	仕入	180,000
31日①	当座預金	24,000	現金過不足	24,000
31日②	貸倒引当金繰入	9,600	貸倒引当金	9,600

問2

仕 訳 日 計 表
×1年11月1日

借方	勘定科目	貸方
84,000	現　　金	57,600
28,800	受取手形	
96,000	売掛金	64,800
46,800	買掛金	63,600
	売　　上	144,000
63,600	仕　　入	
10,800	水道光熱費	
330,000		330,000

※元丁欄と仕丁欄は省略している。

現　金

×1/11/1 前月繰越	93,600	×1/11/1 仕訳日計表 (57,600)
〃 仕訳日計表 (84,000)		

【解説】

入金伝票

借　方　科　目	金　　額	貸　方　科　目	金　　額
現　　　　　金	36,000	売　　掛　　金	36,000
現　　　　　金	48,000	売　　　　　上	48,000

出金伝票

借　方　科　目	金　　額	貸　方　科　目	金　　額
買　　掛　　金	27,600	現　　　　　金	27,600
買　　掛　　金	19,200	現　　　　　金	19,200
水　道　光　熱　費	10,800	現　　　　　金	10,800

振替伝票

借　方　科　目	金　　額	貸　方　科　目	金　　額
売　　掛　　金	96,000	売　　　　　上	96,000
受　取　手　形	28,800	売　　掛　　金	28,800
仕　　　　　入	63,600	買　　掛　　金	63,600

第3問

	借　方　科　目	金　　額	貸　方　科　目	金　　額
1	仮　　受　　金	42,000	償却債権取立益	42,000
2	発　　送　　費	12,000	未　　払　　金	12,000
3	貸倒引当金繰入	21,600	貸　倒　引　当　金	21,600
	＊（678,000 円 + 7,722,000 円）× 1% − 62,400 円 = 21,600 円			
4	仕　　　　　入 繰　越　商　品	2,160,000 2,118,000	繰　越　商　品 仕　　　　　入	2,160,000 2,118,000
5	貯　　蔵　　品	15,600	通　　信　　費	15,600
6	減　価　償　却　費	45,000	備品減価償却累計額	45,000
	＊ 5,400,000 円 ÷ 10 年 ÷ 12 = 45,000 円			
7	仮　受　消　費　税	4,953,600	仮　払　消　費　税 未　払　消　費　税	2,970,000 1,983,600
8	受　　取　　利　　息	72,000	前　　受　　利　　息	72,000
	＊ $3,600,000 円 \times 3\% \times \dfrac{8 か月}{12 か月} = 72,000 円$			
9	前　払　家　賃	480,000	仮　　払　　金	480,000
10	法　人　税　等	1,020,000	仮　払　法　人　税　等 未　払　法　人　税　等	780,000 240,000

貸　借　対　照　表
×2年3月31日

現　　　　　金		(1,876,800)	買　　掛　　金		(5,544,000)
当　座　預　金		(5,538,000)	借　　入　　金		(1,200,000)
受　取　手　形	(678,000)		未　　払　　金		(12,000)
貸 倒 引 当 金	(△6,780)	(671,220)	未 払 消 費 税		(1,983,600)
売　　掛　　金	(7,722,000)		未 払 法 人 税 等		(240,000)
貸 倒 引 当 金	(△77,220)	(7,644,780)	前　受　収　益		(72,000)
商　　　　　品		(2,118,000)	資　　本　　金		(2,400,000)
貸　　付　　金		(3,600,000)	繰越利益剰余金		(13,732,800)
貯　　蔵　　品		(15,600)			
前　払　費　用		(480,000)			
備　　　　　品	(5,400,000)				
減価償却累計額	(△2,160,000)	(3,240,000)			
		(25,184,400)			(25,184,400)

損　益　計　算　書
×1年4月1日から×2年3月31日まで

売　上　原　価	(29,742000)	売　　上　　高		(49,536,000)
給　　　　　料	(3,000,000)	受　取　利　息		(36,000)
発　　送　　費	(174,000)	償却債権取立益		(42,000)
支　払　家　賃	(2,880,000)			
通　　信　　費	(404,400)			
貸倒引当金繰入	(21,600)			
減　価　償　却　費	(540,000)			
法人税, 住民税及び事業税	(1,020,000)			
当 期 純 (利 益)	(11,832,000)			
	(49,614,000)			(49,614,000)

（参考）

精　算　表

勘定科目	残高試算表 借方	残高試算表 貸方	修正記入 借方	修正記入 貸方	損益計算書 借方	損益計算書 貸方	貸借対照表 借方	貸借対照表 貸方
現　　　　金	1,876,800						1,876,800	
当 座 預 金	5,538,000						5,538,000	
受 取 手 形	678,000						678,000	
売 　 掛 　 金	7,722,000						7,722,000	
仮 　 払 　 金	480,000			480,000				
仮 払 消 費 税	2,970,000			2,970,000				
仮 払 法 人 税 等	780,000			780,000				
繰 越 商 品	2,160,000		2,118,000	2,160,000			2,118,000	
貸 　 付 　 金	3,600,000						3,600,000	
備 　 　 　 品	5,400,000						5,400,000	
買 　 掛 　 金		5,544,000						5,544,000
仮 　 受 　 金		42,000	42,000					
仮 受 消 費 税		4,953,600	4,953,600					
貸 倒 引 当 金		62,400		21,600				84,000
借 　 入 　 金		1,200,000						1,200,000
備品減価償却累計額		2,115,000		45,000				2,160,000
資 　 本 　 金		2,400,000						2,400,000
繰越利益剰余金		1,900,800						1,900,800
売 　 　 　 上		49,536,000				49,536,000		
受 取 利 息		108,000	72,000			36,000		
仕 　 　 　 入	29,700,000		2,160,000	2,118,000	29,742,000			
減 価 償 却 費	495,000		45,000		540,000			
給 　 　 　 料	3,000,000				3,000,000			
発 　 送 　 費	162,000		12,000		174,000			
支 払 家 賃	2,880,000				2,880,000			
通 　 信 　 費	420,000			15,600	404,400			
	67,861,800	67,861,800						
償却債権取立益				42,000		42,000		
（未払）消費税				1,983,600				1,983,600
貸倒引当金繰入			21,600		21,600			
未 　 払 　 金				12,000				12,000
貯 　 蔵 　 品			15,600				15,600	
前 受 利 息				72,000				72,000
未 払 法 人 税 等				240,000				240,000
法 人 税 等			1,020,000		1,020,000			
前 払 家 賃			480,000				480,000	
当 期 純 利 益					11,832,000			11,832,000
			10,939,800	10,939,800	49,614,000	49,614,000	27,428,400	27,428,400

《著者紹介》

井上行忠（いのうえ・ゆきただ）　担当：第1部第1編第1～3章，第2編第7章，第2部
　　嘉悦大学経営経済学部教授

飯野幸江（いいの・ゆきえ）　担当：第1部第1編第13～15章
　　嘉悦大学経営経済学部教授

酒井翔子（さかい・しょうこ）担当：第1部第1編第4～12章，第2編第1～6章
　　嘉悦大学経営経済学部准教授

（検印省略）

2023年4月20日　初版発行　　　　　　　　　　　　略称―日商テキスト

日商簿記テキスト【基礎編】

著　者　井上行忠・飯野幸江・酒井翔子
発行者　塚田尚寛

発行所　東京都文京区
　　　　春日2-13-1　　　**株式会社 創成社**

電　話 03（3868）3867　　ＦＡＸ 03（5802）6802
出版部 03（3868）3857　　ＦＡＸ 03（5802）6801
http://www.books-sosei.com　振　替 00150-9-191261

定価はカバーに表示してあります。

©2023 Yukitada Inoue　　　組版：ワードトップ　印刷・製本：鵬
ISBN978-4-7944-1584-4 C3034　　落丁・乱丁本はお取り替えいたします。
Printed in Japan

──────── 簿記・会計選書 ────────

日 商 簿 記 テ キ ス ト【 基 礎 編 】	井 上 行 忠 飯 野 幸 江 酒 井 翔 子	著	2,400 円
基 礎 か ら 学 ぶ ア カ ウ ン テ ィ ン グ 入 門	古 賀 智 敏 遠 藤 秀 紀 片 桐 俊 男 田 代 景 子 松 脇 昌 美	著	2,600 円
会 計 ・ フ ァ イ ナ ン ス の 基 礎 ・ 基 本	島 本 克 彦 片 上 孝 洋 粂 井 淳 子 引 地 夏 奈 子 藤 原 大 花	著	2,500 円
学 部 生 の た め の 企 業 分 析 テ キ ス ト ― 業 界 ・ 経 営 ・ 財 務 分 析 の 基 本 ―	髙 橋 聡 福 川 裕 徳 三 浦 敬	編著	3,200 円
日 本 簿 記 学 説 の 歴 史 探 訪	上 野 清 貴	編著	3,000 円
全 国 経 理 教 育 協 会 公式 簿 記 会 計 仕 訳 ハ ン ド ブ ッ ク	上 野 清 貴 吉 田 智 也	編著	1,200 円
人 生 を 豊 か に す る 簿 記 ― 続 ・ 簿 記 の ス ス メ ―	上 野 清 貴	監修	1,600 円
簿 記 の ス ス メ ― 人 生 を 豊 か に す る 知 識 ―	上 野 清 貴	監修	1,600 円
非 営 利 ・ 政 府 会 計 テ キ ス ト	宮 本 幸 平	著	2,000 円
ゼ ミ ナ ー ル 監 査 論	山 本 貴 啓	著	3,200 円
I F R S 教 育 の 実 践 研 究	柴 健 次	編著	2,900 円
I F R S 教 育 の 基 礎 研 究	柴 健 次	編著	3,500 円
新 ・ 入 門 商 業 簿 記	片 山 覚	監修	2,350 円
新 ・ 中 級 商 業 簿 記	片 山 覚	監修	1,850 円
管 理 会 計 っ て 何 だ ろ う ― 町 の パ ン 屋 さ ん か ら ト ヨ タ ま で ―	香 取 徹	著	1,900 円
税 務 会 計 論	柳 裕 治	編著	2,550 円
は じ め て 学 ぶ 国 際 会 計 論	行 待 三 輪	著	1,900 円

(本体価格)

──────── 創 成 社 ────────

日商簿記テキスト【基礎編】

【解答用紙】

<table>
<tr><td>第 1 回</td><td>問　題　137 ページ
解　答　167 ページ</td></tr>
</table>

第1問

	借　方　科　目	金　　額	貸　方　科　目	金　　額
1				
2				
3				
4				
5				
6				
7				
8				
9				
10				
11				

12			
13			
14			
15			

第2問

問1

(1)

当座預金

5/( ) ( ) ( )	5/( ) ( ) ( )
( ) ( ) ( )	( ) ( ) ( )
	( ) ( ) ( )
	( ) ( ) ( )

問2

①		②		③	
④		⑤			

第3問

精　算　表

勘定科目	残高試算表 借　方	残高試算表 貸　方	修正記入 借　方	修正記入 貸　方	損益計算書 借　方	損益計算書 貸　方	貸借対照表 借　方	貸借対照表 貸　方
現　　　　　金	676,800							
当 座 預 金	801,600							
売 　掛 　金	1,040,400							
仮 払 消 費 税	456,000							
繰 越 商 品	327,600							
建　　　　物	3,600,000							
備　　　　品	480,000							
土　　　　地	432,000							
買　掛　金		960,000						
仮　受　金		80,400						
仮 受 消 費 税		840,000						
借　入　金		720,000						
貸 倒 引 当 金		12,000						
建物減価償却累計額		600,000						
備品減価償却累計額		192,000						
資　本　金		2,000,000						
繰越利益剰余金		456,000						
売　　　　上		8,400,000						
受 取 手 数 料		99,600						
仕　　　　入	4,560,000							
給　　　　料	1,112,000							
支 払 家 賃	672,000							
水 道 光 熱 費	156,000							
通　信　費	34,800							
支 払 利 息	10,800							
	14,360,000	14,360,000						
雑　　　　損								
未　払　金								
貸倒引当金繰入								
減 価 償 却 費								
未 払 消 費 税								
前 払 家 賃								
未 払 利 息								
未 収 手 数 料								
法人税, 住民税及び事業税								
未 払 法 人 税 等								
当 期 純 利 益								

第2回

問　題　142 ページ
解　答　171 ページ

第1問

	借　方　科　目	金　　額	貸　方　科　目	金　　額
1				
2				
3				
4				
5				
6				
7				
8				
9				
10				
11				
12				

13				
14				
15				

第2問

問1

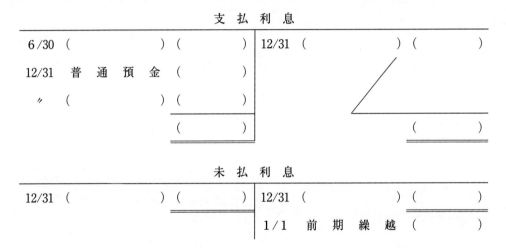

支　払　利　息

6/30　（　　　　　）（　　　　）		12/31　（　　　　　）（　　　　）		
12/31　普　通　預　金（　　　　）				
〃　（　　　　　）（　　　　）				
（　　　　）		（　　　　）		

未　払　利　息

12/31　（　　　　　）（　　　　）	12/31　（　　　　　）（　　　　）	
	1/1　前　期　繰　越（　　　　）	

問2

①	②	③	④	⑤
⑥	⑦	⑧	⑨	⑩

第3問

決算整理後残高試算表

借　　　方	勘　定　科　目	貸　　　方
	現　　　　　　　金	
	当　座　預　金	
	受　取　手　形	
	売　　掛　　金	
	繰　越　商　品	
	前　払　利　息	
	建　　　　　物	
	備　　　　　品	
	土　　　　　地	
	貯　蔵　品	
	買　　掛　　金	
	借　　入　　金	
	未　払　消　費　税	
	未　払　法　人　税　等	
	未　払　法　定　福　利　費	
	所　得　税　預　り　金	
	貸　倒　引　当　金	
	建物減価償却累計額	
	備品減価償却累計額	
	資　　本　　金	
	繰　越　利　益　剰　余　金	
	売　　　　　上	
	仕　　　　　入	
	給　　　　料	
	貸　倒　引　当　金　繰　入	
	減　価　償　却　費	
	法　定　福　利　費	
	支　払　手　数　料	
	租　税　公　課	
	支　払　利　息	
	法　人　税　等	

第1問

	借　方　科　目	金　　額	貸　方　科　目	金　　額
1				
2				
3				
4				
5				
6				
7				
8				
9				
10				
11				
12				

13				
14				
15				

第2問

問1

(1)

商 品 有 高 帳
A 商 品

×1年		摘　　要	受　入			払　出			残　高		
			数量	単価	金額	数量	単価	金額	数量	単価	金額
8	1	前月繰越									
	8	仕　　入									
	15	売　　上									
	22	仕　　入									
	29	売　　上									
	31	次月繰越									

(2)

売　上　高	売上原価	売上総利益
¥	¥	¥

問2

①	②	③	④	⑤

第3問

決算整理後残高試算表

×2年3月31日

借　　方	勘 定 科 目	貸　　方
	現　　　　　金	
	普　通　預　金	
	売　　掛　　金	
	繰　越　商　品	
	貸　　付　　金	
	建　　　　　物	
	備　　　　　品	
	土　　　　　地	
	未　収　利　息	
	買　　掛　　金	
	前　受　地　代	
	未　払　消　費　税	
	未　払　給　料	
	貸　倒　引　当　金	
	建物減価償却累計額	
	備品減価償却累計額	
	資　　本　　金	
	繰　越　利　益　剰　余　金	
	売　　　　　上	
	受　取　地　代	
	受　取　利　息	
	仕　　　　　入	
	給　　　　　料	
	保　　険　　料	
	支　払　家　賃	
	支　払　手　数　料	
	貸　倒　引　当　金　繰　入	
	減　価　償　却　費	
	雑　　　　　損	

第4回

第1問

	借　方　科　目	金　　額	貸　方　科　目	金　　額
1				
2				
3				
4				
5				
6				
7				
8				
9				
10				
11				
12				

13			
14			
15			

第2問

問1

(ア)	(イ)	(ウ)	(エ)

問2

支払手数料

7/11 (	) (	)	3/31 (	) (	)
3/1 (	) (	)	〃 (	) (	)
	(	)		(	)

前払手数料

3/31 (	) (	)	3/31 (	) (	)

第3問

貸 借 対 照 表

×2年3月31日

現　　　　　　金	（　　　　）	買　　掛　　金	（　　　　　）
普　通　預　金	（　　　　）	借　　入　　金	（　　　　　）
売　　掛　　金（　　　）		未　払　消　費　税	（　　　　　）
貸倒引当金（△　　）（　　　　）		未　払　法　人　税　等	（　　　　　）
商　　　　　品 （　　　　）		前　受　収　益	（　　　　　）
前　払　費　用 （　　　　）		資　　本　　金	（　　　　　）
建　　　　　物（　　　）		繰越利益剰余金	（　　　　　）
減価償却累計額（△　　）（　　　　）			
備　　　　　品（　　　）			
減価償却累計額（△　　）（　　　　）			
土　　　　　地 （　　　　）			
（　　　　）			（　　　　　）

損 益 計 算 書

×1年4月1日から×2年3月31日まで

売　上　原　価	（　　　　）	売　　上　　高	（　　　　　）
給　　　　　料	（　　　　）	受　取　手　数　料	（　　　　　）
旅　費　交　通　費	（　　　　）		
保　　険　　料	（　　　　）		
貸倒引当金繰入	（　　　　）		
減　価　償　却　費	（　　　　）		
雑　　　　　損	（　　　　）		
法人税, 住民税及び事業税	（　　　　）		
当期純（　　　）	（　　　　）		
（　　　　）			（　　　　　）

第1問

	借　方　科　目	金　　額	貸　方　科　目	金　　額
1				
2				
3				
4				
5				
6				
7				
8				
9				
10				
11				
12				

13			
14			
15			

第2問

問1

補助簿 日付	現金出納帳	当座預金 出納帳	商品有高帳	売掛金元帳 (得意先元帳)	買掛金元帳 (仕入先元帳)	仕入帳	売上帳	該当なし
5日								
6日								
16日								
31日①								
31日②								

問2

仕 訳 日 計 表
×1年11月1日

借　方	勘定科目	貸　方
	現　　　　金	
	受　取　手　形	
	売　　掛　　金	
	買　　掛　　金	
	売　　　　上	
	仕　　　　入	
	水　道　光　熱　費	

現　金

×1/11/1	前 月 繰 越	93,600	×1/11/1　仕 訳 日 計 表　（　　　　）	
〃	仕 訳 日 計 表　（　　　）			

第3問

貸 借 対 照 表

×2年3月31日

現　　　　　金	（　　　　）	買　掛　金	（　　　　）
当 座 預 金	（　　　　）	借　入　金	（　　　　）
受 取 手 形（　　　）		未　払　金	（　　　　）
貸 倒 引 当 金（△　　　）（　　　　）		未 払 消 費 税	（　　　　）
売　　掛　　金（　　　）		未 払 法 人 税 等	（　　　　）
貸 倒 引 当 金（△　　　）（　　　　）		前 受 収 益	（　　　　）
商　　　　　品	（　　　　）	資　本　金	（　　　　）
貸　付　金	（　　　　）	繰越利益剰余金	（　　　　）
貯　蔵　品	（　　　　）		
前 払 費 用	（　　　　）		
備　　　　　品（　　　）			
減価償却累計額（△　　　）（　　　　）			
	（　　　　）		（　　　　）

損 益 計 算 書

×1年4月1日から×2年3月31日まで

売 上 原 価	（　　　　）	売　上　高	（　　　　）
給　　　　　料	（　　　　）	受 取 利 息	（　　　　）
発　送　費	（　　　　）	償却債権取立益	（　　　　）
支 払 家 賃	（　　　　）		
通　信　費	（　　　　）		
貸倒引当金繰入	（　　　　）		
減 価 償 却 費	（　　　　）		
法人税, 住民税及び事業税	（　　　　）		
当 期 純（　　　）	（　　　　）		
	（　　　　）		（　　　　）